Für ..... MARCEL ♥ LARNSACK .....

von ..... OMA ♥ HELGA .....

Copyright © Parragon Books Ltd

Gedichte: Meryl Doney und Jan Payne
Layout: Chris Fraser/Page to Page

Alle Rechte vorbehalten. Die vollständige oder auszugsweise Speicherung, Vervielfältigung oder Übertragung dieses Werkes, ob elektronisch, mechanisch, durch Fotokopie oder Aufzeichnung, ist ohne vorherige Genehmigung des Rechteinhabers urheberrechtlich untersagt.

Copyright © für die deutsche Ausgabe
Parragon Books Ltd
Queen Street House
4 Queen Street
Bath BA1 1HE, UK

Produktion der deutschen Ausgabe: trans texas publishing, Köln
Übersetzung: Helmut Roß, Helene Weinold-Leipold, Anna Loll
Satz der deutschen Ausgabe: lesezeichen Verlagsdienste, Köln

ISBN 978-1-4075-5200-2
Printed in China

365
Kindergebete

Illustrationen
Caroline Jayne Church und Stuart Trotter

INHALT

 *Die Welt ist schön*  *Gott folgen*
6–59 222–265

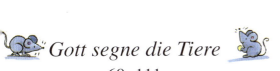 *Gott segne die Tiere* *Guten Morgen*
60–111 266–293

 Danke *Besondere Tage*
112–155 294–335

 Meine Familie *Am Ende des Tages*
156–203 336–375

 Freundschaft  *Register Gebetsanfänge*
204–221 376–383

Die Welt ist schön

Alle Dinge, strahlend und schön,
alle Geschöpfe, kleine wie große,
alle Dinge, weise und schön,
aus Gottes Hand sind entsprossen.

Jede kleine Blume, die uns anlacht,
jeder kleine Vogel, der da singt,
er schuf ihre Farbenpracht,
er schuf Flügel, die so winzig sind.

Die hohen Bäume auf grünen Hügeln,
die Wiesen, auf denen wir spielen.
Der Adler mit seinen mächtigen Flügeln,
die kleinen Ameisen, die vielen.

Er gab uns Augen, zu schauen,
und Lippen, zu verkünden
die Größe des Herrn, dem wir vertrauen,
der alles so herrlich tat gründen.

nach Cecil Francis Alexander
(1823–1895)

 *Die Welt ist schön*

Danke, Gott, für diesen Baum.
Ich wusste nicht, man glaubt es kaum,
dass alle Geschöpfe einzig sind,
so wie mein letzter Traum.

Gott schuf die Welt und den Verstand,
so voll des Segens aus seiner Hand.
Er wacht über jeden Strauch
und über alle Kinder auch.

 *Die Welt ist schön*

Der betet innigst, der am meisten liebt
alle Dinge, große wie kleine.
Denn der liebe Gott, der liebet uns,
er schuf uns und liebt uns wie sonst keiner.

Samuel Taylor Coleridge (1772–1834)

 *Die Welt ist schön*

Lieber Gott, behüte unsre Netze fein.
Das Meer ist tief, unser Schiff aber klein.

Guter Gott, Du hast alles gemacht:
die Sonne, den Mond, den Tag und die Nacht,
den Himmel, die Erde, das Wasser, den Schnee,
die Tiere an Land, die Fische im See,
ein Kleid für die Erde: grün, gelb, blau und rot,
die Blumen, die Wälder. Wir freuen uns, Gott!

Die Welt ist schön

Lieber Gott,
ich liebe das Gras,
es wächst und wächst
und kitzelt mich zwischen den Zehen.
Wie einen Teppich legst Du mir
die Wiese unter die Füße.
Sie ist so grün,
wie etwas nur grün sein kann.

Für die Blumen, die blühen zu unsern Füß',
Vater, wir danken Dir.
Für das zarte Gras, so frisch und so süß,
Vater, wir danken Dir.
Für die Vögel und der Bienen Gesumm,
für die Fische und der Bären Gebrumm,
für Kühe und Kälber, den Ochsen, den Stier,
Vater im Himmel, wir danken Dir.

nach Ralph Waldo Emerson (1803–1882)

Wenn Astronauten vom All aus
auf die Erde schauen, erkennen sie ihre ganze
Schönheit: Blau und Grün mit weißen Wolken.
Hilf uns, die Erde sauber zu halten,
damit wir noch lange Freude an ihr haben.

 *Die Welt ist schön*

Für Luft und Sonne, süß und rein,
dem himmlischen Vater sei Dank.
Für das Gras, das wächst jahraus, jahrein,
dem himmlischen Vater sei Dank.
Für Blumen und Sträucher,
die blühen so prächtig,
für Bäume und Wälder,
die thronen so mächtig,
dem himmlischen Vater sei Dank.

Der Geist des Herrn erfüllt das All;
mit Sturm und Feuersgluten.
Er krönt mit Jubel Berg und Tal,
er lässt die Wasser fluten.
Ganz überströmt von Glanz und Licht
erhebt die Schöpfung ihr Gesicht.

Maria Luise Thurmair (1912–2005)

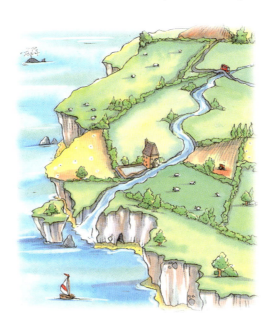

 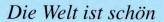 Die Welt ist schön

Guter Gott, ich freu mich so,
denn ich hab Ferien und bin froh.
Hüpfen möchte ich und springen,
tanzen, lachen, ganz laut singen.
Und ich möcht vor allen Dingen,
meine Freude zu Dir tragen
und Dir Dank für alles sagen.

Lieber Gott,
danke für die helle Sonne,
die füllt die Welt mit wahrer Wonne.
Danke für das dumpfe Knarren,
wenn im Schnee wir Schlitten fahren.

Besondrer Dank für jeden Regenschauer,
der Freude macht so manchem Bauer.
Doch bitte, Gott, lass Winde weh'n,
dann könnt ich mit dem Drachen geh'n.

 *Die Welt ist schön*

Solang es Menschen gibt auf Erden,
solang die Erde Früchte trägt,
solang bist Du uns allen Vater.
Wir danken Dir für das, was lebt.

Huub Oosterhuis (*1933)

Im Frühling, wenn die Vögel singen,
dann danken sie Dir, oh Gott,
wollen Freude Dir bringen.

Die Welt ist schön

Herrlich scheint die Sommersonne
über Land und Meer.
Ihre Wärme – welche Wonne! –
freut uns Menschen sehr.
Unter ihren milden Strahlen
lebt die Seele auf,
schickt, befreit von allen Qualen,
Lob zum Herrn hinauf.

nach William Walsham How, Bischof von Wakefield (1823–1897)

Ich mag die Tropfen,
die auf den Gehweg spritzen,
und auch die Sonnenstrahlen,
die darin blitzen.

Ich mag den Sturm,
der meine Haare zerzaust
und mit Wucht
zwischen Häusern und Bäumen braust.

Danke fürs Gewitter,
wenn der Himmel weint,
und danke für die Sonne,
wenn sie wieder scheint.

Die Welt ist schön

Wenn im Sommer Regen fällt
und die Wolken ziehn,
grau und düster ist die Welt,
bleib ich lieber drin.
Seh an Blume, Baum und Strauch
Regentropfen blinken.
Die Natur, Gott, dankt Dir auch,
kann nun wieder trinken.

Rosen sind rot,
Veilchen sind blau.
Und wenn es regnet,
dann weiß ich genau:
Du kümmerst Dich um sie,
so blühen sie wie nie.

Da wirst Du doch auch
mich nicht vergessen!

Die Welt ist schön

Guter Gott,
ich danke Dir für diesen Tag,
für die Farben, die ich mag,
für Kastanien, Nüsse, Wind,
die Vorboten des Herbstes sind,
für die bunten Blätterhügel,
wenn die Vögel ziehn gen Süden,
für das Drachenfliegen, Lachen –
und noch viele schöne Sachen.

Dacht ich bei mir,
ach, wie schön
hat Gott den Winter gemacht.
Fort mit den Blättern
und uns vor Augen gebracht
der Bäume Formen gleich Türmen.
Welche Freiheit scheint's doch,
sie zu geben den Stürmen.

nach Dorothy Wordsworth (1771–1855)

 *Die Welt ist schön*

Lieber Gott, ich find Dich toll,
Du machst die Dinge wundervoll.
An bunten Tulpen und Orchideen
kann ich mich gar nicht satt genug sehen.
Die Bienen, Schafe und die Kälber
sind so lieb, das weißt Du selber.
Ganz oft lässt Du scheinen die Sonne
und vergisst auch nie die Regentonne.
Uns Kinder kennst Du alle mit Namen,
wir loben den Deinen – Amen.

Spät sah ich aus dem Fenster,
als ich vom Schlaf erwacht.
Und graue Flocken wirbelten
geräuschlos durch die Nacht.

Ganz früh am andern Morgen
war weiß die ganze Welt.
Hab Dank, himmlischer Vater!
Du weißt, was mir gefällt.

Gelobt seist Du, mein Herr, mit allen
Deinen Geschöpfen, vornehmlich mit der
edlen Herrin Schwester Sonne, die uns den
Tag schenkt durch ihr Licht.
Und schön ist sie und strahlend in großem
Glanze: Dein Sinnbild, Höchster.

Franz von Assisi (1181/1182–1226)

 *Die Welt ist schön*

Im Winter suchen alle Schutz vor der Kälte. Danke, Gott, für mein Heim und meine Eltern.

Bewahre uns Gott, behüte uns Gott,
sei mit uns auf unseren Wegen.
Sei Kompass und Wind,
wo wir auch sind,
sei um uns mit Deinem Segen.

Eugen Eckert (*1954)

Die Hirten haben gefroren
in finsterer Winternacht,
als Jesus ward geboren,
der Wärme und Licht gebracht.

Freue Dich, Welt!
Der Herr ist gekommen,
lass die Erde ihren König empfangen,
lass jedes Herz
ihm Raum gewähren
und Himmel und Natur
erfüllen mit Klang.
Und Himmel und Natur erfüllen,
und Himmel, und Himmel
und Natur erfüllen mit Klang.

Freue Dich, Welt!
Der Heiland regiert,
lass die Menschen
sich ihrer Lieder erfreuen,
während die Felder und Ströme,
Felsen, Hügel und Ebenen
wiederholen die klingenden Freuden,
wiederholen die klingenden Freuden,
wiederholen, wiederholen
die klingenden Freuden.

Isaac Watts (1674–1748)

 *Die Welt ist schön*

Lobet den Herren, den mächtigen König der Ehren!
Lob ihn, oh Seele, vereint mit den himmlischen Chören!
Kommet zuhauf, Psalter und Harfe, wacht auf,
lasset den Lobgesang hören!

Joachim Neander (1650–1680)

Lobt ihn mit Pauken und Tanz,
lobt ihn mit Flöten und Saitenspiel!
Lobt ihn mit hellen Zimbeln,
lobt ihn mit klingenden Zimbeln!
Alles, was atmet, lobe den Herrn!
Halleluja!

Psalm 150

 *Die Welt ist schön*

Sei gelobt, mein Herr,
durch unsere Schwester, die Mutter Erde,
die uns versorgt und nährt
und zeitigt allerlei Früchte
und farbige Blumen und Gras.

Franz von Assisi (1181/1182–1226)

Halleluja!
Singet dem Herrn ein neues Lied.
Die Engel und Heiligen sollen ihn loben.

nach Psalm 149

Ich preise Dich, Du Herr der Nächt' und Tage,
dass Du mich heut' vor aller Not und Plage
durch Deine Gnad' und hochgerühmte Macht
hast unverletzt und frei hindurchgebracht.

Otto Graf von Schwerin (1645–1705)

Ich mag ja klein sein,
doch kann ich singen,
will Dir, guter Gott,
mein Loblied darbringen.

Halleluja! Lobet den Herrn vom Himmel her,
lobt ihn in den Höhen:
Lobt ihn, all seine Engel, lobt, all seine Scharen;
lobt ihn, Sonne und Mond;
lobt ihn, all ihr leuchtenden Sterne;
lobt ihn, alle Himmel
und ihr Wasser über dem Himmel!

Loben sollen sie den Namen des Herrn,
denn er gebot, und sie waren erschaffen.
Er stellte sie hin für immer und ewig,
er gab ihnen ein Gesetz, das sie nicht übertreten.

Lobet den Herrn, ihr auf der Erde,
ihr Fruchtbäume und alle Zedern,
ihr wilden Tiere und alles Vieh,
Kriechtiere und gefiederte Vögel,
ihr Könige der Erde und alle Völker,
ihr Fürsten und alle Richter auf Erden,
ihr jungen Männer und auch ihr Mädchen,
ihr Alten mit den Jungen!

Loben sollen sie den Namen des Herrn;
denn sein Name allein ist erhaben,
seine Hoheit strahlt über Erde und Himmel.

aus Psalm 148

Die Welt ist schön

Lieber Gott,
ich bin gern am Strand,
wo Land und Meer sich begegnen.
Dort seh ich immer wieder,
welch schöne Welt Du erschaffen hast.

Am Strand kann ich schauen bis zum Horizont,
wo Meer und Himmel sich begegnen,
und weiß, dass die Welt dort wunderbar ist.
Vielleicht werde ich eines Tages
auf Reisen gehen und die Welt entdecken.

Danke für die Blümchen,
danke für die Bäumchen,
danke für die Gräschen,
danke für das Lüftchen.
Danke fürs Gemüs',
danke für den Reis.
Danke auch für alles,
was lecker macht die Speis'.
Danke, lieber Vater,
für alles, was gedeiht,
bei Sonne und bei Regen
unterm Himmel weit.

Zwei Augen zum Sehen,
zwei Ohren zum Hören,
eine Nase zum Riechen
und einen Mund zum Sprechen.
Lob sei Dir, der mir das alles gab.

 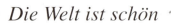 *Die Welt ist schön*

Die Sonne steigt, die Sonne fällt.
Gott sei gelobt, der alles hält.
Der Mensch und Tier und Erde liebt
und allem seinen Atem gibt.

Weit wie die Erde,
(Arme weit ausbreiten)

tief wie das Meer,
(nach unten zeigen)

hoch wie der Himmel
(nach oben zeigen)

ist Deine Liebe zu mir.
(umarmen)

 *Die Welt ist schön*

Guter Gott, ich danke Dir für unsere Stadt,
für all das Schöne und Überraschende,
das wir auf den Straßen
und in den Gärten entdecken können,
für das Glitzern auf dem nassen Gehsteig,
für den Regenbogen in der Pfütze und
für die Blütenblätter, die in den Rinnstein flattern.
So wird ein Spaziergang um den Block
zu einer aufregenden Reise.

Gott, segne unsere Schule.
Hilf unseren Lehrern.
Gib unserem Rektor Kraft.
Und segne alle Schüler.
Amen.

Die Welt ist schön

Herr, segne alle lieben
Menschen nah und fern:
Eltern, Lehrer, Freunde –
alle hab ich gern.
Segne auch all jene,
die ich heute seh,
im Schulhaus, auf der Straße,
wo ich geh und steh.
Du, Gott, kennst sie alle,
ob groß oder klein.
Unter Deinem Schutz sollen
sie geborgen sein.

In unserer Stadt leben viele Menschen
auf engem Raum zusammen.
Guter Vater, hilf uns, dazu beizutragen,
dass es schön ist, hier zu leben.

Wenn ich mit dem Bus fahr,
seh ich Straßen und Häuser.
Wenn ich mit dem Zug fahr,
seh ich Felder und Hügel.
Wenn ich mit dem Flugzeug flieg,
kann ich das ganze Land seh'n.

Könnt ich in 'ne Rakete steigen,
würd ich die ganze Welt seh'n.
Danke, Gott, dass ich reisen darf,
denn so seh ich, welch schöne Welt
Du erschaffen hast.

Gott segne die Tiere

Jesus, unser Bruder, so voll der Güte,
ward geboren auf einfachem Stroh,
umgeben von Tieren, das machte ihn froh,
Jesus, unsern Bruder, so voll der Güte.

„Ich", sprach der strupp'ge Esel knapp,
„ich trug seine Mutter kreuz und quer,
ich trug sie sicher bis Bethlehem daher.
Ich", sprach der strupp'ge Esel knapp.

„Ich", sprach die Kuh besonders nett,
„ich gab ihm mein Futter für sein Bett,
ich gab ihm Heu, das mich sonst macht fett.
Ich", sprach die Kuh besonders nett.

„Ich", sprach das Schaf ohne Sorgen,
„ich gab ihm Wolle, damit er geborgen,
er trug meinen Mantel am Weihnachtsmorgen.
Ich", sprach das Schaf ohne Sorgen.

„Ich", sprach die Taube vom Balken hoch,
"gurrt' ihn in den Schlaf, so glaubt es doch,
gurrt' ihn in den Schlaf, so glaubt es doch.
Ich", sprach die Taube vom Balken hoch.

Und jedes Tier, bevor es ward hell,
im dunklen Stall tat künden schnell
von seiner Gabe an Immanuel,
von unsrer Gabe an Immanuel.

*nach einem englischen Weihnachtslied
aus dem 12. Jahrhundert*

Er hält die ganze Welt in seiner Hand;
er hält die Welt in seiner Hand.

Er hält das süße kleine Baby in seiner Hand;
er hält die Welt in seiner Hand.

Er hält die Fische und die Vögel in seiner Hand;
er hält die Welt in seiner Hand.

Er hält die Bäume und die Gräser in seiner Hand;
er hält die Welt in seiner Hand.

Er hält die Wolken und den Regen in seiner Hand;
er hält die Welt in seiner Hand.

Er hält Dich und auch mich in seiner Hand;
er hält die Welt in seiner Hand.

Spiritual, dt. von Jürgen Klöckner

Danke, guter Gott, für die weite Welt,
für all die verschiedenen Länder und Völker.

Danke auch für die Flüsse und die Seen,
für die Ozeane, in denen faszinierende Lebewesen
schwimmen, tauchen und spielen.

Danke, Gott, für das weite Himmelszelt,
für die Sterne, die nachts über uns leuchten
und doch so unvorstellbar weit weg sind.

Vielen Dank, guter Gott, dass ich in dieser Weite
immer aufgehoben bin in Dir.

 *Gott segne die Tiere*

Danke, Gott, für Tiere groß
wie Nilpferd und Rhinozeros.
Für Affen, die viel Spaß vertragen,
Giraffen, die bis zum Himmel ragen.
Für Papageien mit bunten Farben
und Zebras, die durch die Steppe traben.

Für Elefanten mit Riesenohren
und Ameisenbär'n, die mit der Nase bohren.
Die Welt ist schön, so wie sie ist,
vor allem, wenn Du mich nicht vergisst.

Gott, Du gabst uns Blumen voller Pracht.
Sie wachsen und blühen mit Deiner Macht.
Manche sind rot, manche weiß oder blau.
Schön sind sie alle, das weiß ich genau.

Gib Du, Gott, den Segen
für Blume und Tier.
Zuletzt eine Bitte:
Bleib stets auch bei mir.

Gott segne die Tiere

Lieber Gott, heute Morgen habe ich einen Vogel singen hören. Es zwitscherte so lebendig, dass auch ich gleich frohen Herzens war. Ich will Dir Freude machen, wie der Vogel mich erfreut hat.

Die Schnecke hat ihr Haus,
ihr Fellchen hat die Maus,
der Sperling seine Federn fein,
der Falter bunte Flügelein,
nun sage mir, was hast denn Du?
Ich habe Kleider und auch Schuh'.
Und Vater und Mutter
und Lust am Leben,
das hat mir alles Gott gegeben.

Vor Geistern und Dämonen
und krabbelndem Getier,
das uns des Nachts nicht ruhen lässt,
möge Gott, der Herr, uns verschonen.

Gott segne die Tiere

Kleines Lamm, wer schuf Dich?
Weißt Du denn, wer schuf Dich?
Gab Leben Dir und Speise
auf seine güt'ge Weise.
Gab Dir ein Kleid so voll der Pracht,
ganz weich und wollen, wohl bedacht.
Gab Dir ein Stimmlein fein und zart,
dass all das Tal nur Freude hat.
Kleines Lamm, wer schuf Dich?
Weißt Du denn, wer schuf Dich?

nach William Blake (1757–1827)

Mein Häschen ist ganz weich und klein
und kuschelt gern mit mir.
Herr, lass es immer bei mir sein!
Ich danke Dir dafür.

 *Gott segne die Tiere*

Der Zaunkönig ist zwar nur winzig klein,
doch könnte sein Lied kaum kräftiger sein.
Er lobt Dich, oh Gott,
aus dichtem Geäst,
dankt Dir mit Gesang
für sein weiches Nest.

Denn vorbei ist der Winter, verrauscht der Regen.
Auf der Flur erscheinen die Blumen;
die Zeit zum Singen ist da.
Die Stimme der Turteltaube ist zu hören
in unserem Land.

Hohes Lied Salomos 2,11–12

 *Gott segne die Tiere*

Mein Gott,
hilf mir, Respekt vor allen Tieren
zu haben – auch vor den kleinsten.
Ich will sanft zu ihnen sein
und ihnen keinen Schaden zufügen.

Kein Tierchen auf Erden
ist Dir, lieber Gott, zu klein.
Du ließest sie alle werden,
und alle sind sie Dein.
Zu Dir, zu Dir ruft Mensch und Tier.

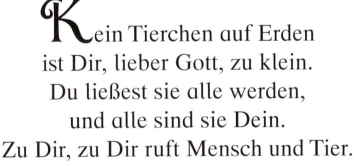

 *Gott segne die Tiere*

Vampir und Nachtalb, Poltergeist
und Spinnen gruseln mich.
Vor allem, was im Traum mich beißt,
oh Gott, beschütze mich.

Zu Dir, Gottvater, beten wir,
die Großen und die Kleinen.
Weil Du uns liebst, leben wir hier:
Wir alle sind die Deinen.

nach Samuel Taylor Coleridge (1772–1834)

Dein, Herr, sind die Fische,
Dein ist auch das Meer;
ziehst in Deinen Netzen
nah zu Dir uns her.

irisches Gebet

Wir beten, Herr, für die Tiere, die mit Demut
Lasten schleppen und die Hitze des Tages
ertragen, die sterben, um des Fortschritts des
Landes willen; und wir beten für die Wildtiere,
die Du weise, stark und schön erschaffen hast.
Schenk ihnen Deine Herzenswärme, denn Du
hast versprochen, Mensch und Tier zu erhalten.
Groß ist Deine Güte,
oh Erlöser der Welt!

russisches Gebet

 *Gott segne die Tiere*

Vater im Himmel,
erhöre und segne
die Tiere im Wasser
und an Land
und behüte alles Kleine,
das selbst
nicht bitten kann.

Käfer sind lustig,
Ameisen auch,
Fliegen haben schöne bunte Flügel.
Manchmal mag ich sie,
darum bete ich:
„Danke, Gott, für die kleinsten Geschöpfe."

Spinnen sind unheimlich, Mäuse auch,
Motten flattern wild umher.
Manchmal gruseln sie mich,
darum bitte ich Gott: „Hilf mir,
keinen Abscheu zu empfinden
gegenüber den kleinsten Geschöpfen!"

 *Gott segne die Tiere*

Der Vogel Dir singt,
das Fischlein Dir springt,
die Biene Dir brummt,
der Käfer Dir summt.
Auch pfeift Dir das Mäuslein klein:
Allmächtiger Gott,
gelobt sollst Du sein.

Wenn Hunde bellen und Frösche quaken,
versuchen sie wirklich, etwas zu sagen?
Wenn Hühner gackern und Hähne kräh'n,
geben sie uns dann was zu versteh'n?
Lieber Gott, können Tiere zu Dir sprechen,
sodass sie Wünsche zum Ausdruck brächten?
Könnten sie's nicht, hätt ich eine Bitte:
Sei stets als Hirte in ihrer Mitte.

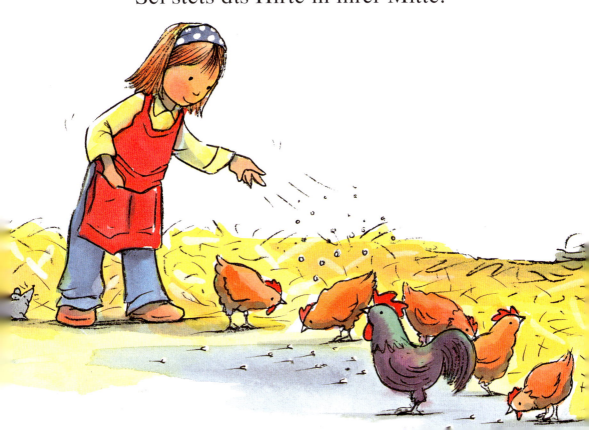

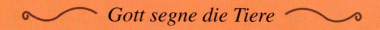

Gott segne die Tiere

Güt'ger Hirte der Schafe Dein,
lass Deine Schaf' stets behütet sein.
Nichts, das Deiner Größe widerstände,
nichts, das uns entrisse dem Schutz Deiner Hände.

nach Jane Eliza Leeson (1807–1882)

Du, Vater, bist der gute Hirt'.
Du schufst die Lämmchen klein.
Ach, bitte, lass auch mich ein Lamm
in Deiner Herde sein.

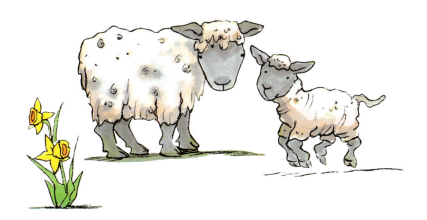

 *Gott segne die Tiere*

Das Jahr, wenn's frühlingt
und der Tag wird gebor'n,
morgens um sieben, der Hang taubeperlt,
die Lerche beschwingt, die Schnecke am Dorn:
Gott in seinem Himmel – gut steht's um die Welt!

nach Robert Browning (1812–1889)

Das Chamäleon kann seine Farbe mehrmals am Tag wechseln.
Guter Vater, hilf mir zu verstehen, dass wir Menschen äußerlich ganz unterschiedlich aussehen können, im Inneren aber alle Menschen sind.

 *Gott segne die Tiere*

Die Tiere, die auf Erden leben,
die Vögel, die am Himmel schweben,
alle Wesen, groß und klein,
lass bei Dir geborgen sein.

Danke, Gott, für die Giraffe,
für Löwe, Elefant und Affe,
für Katze, Hund, Zebra, Gnu!
Alle Tiere segnest Du.

Gott segne die Tiere

Sprach ein Rotkehlchen zum Spatz:
„Ich wüsste doch zu gern,
warum diese eifrigen Menschen
sich immer so sorgen und plagen."
Sprach der Spatz zum Rotkehlchen:
„Mein Freund, es muss daran liegen, dass sie
– anders als wir beide – keinen himmlischen
Vater haben, der sich um sie kümmert."

Rotkehlchen hinter Gitterstäben
lässt vor Zorn die Welt erbeben.

nach William Blake (1757–1827)

Gott segne die Tiere

Ich hörte am Morgen eine Lerche singen.
Sie flog hinauf in den blauen Himmel
und sang zur höheren Ehre Gottes.
So möchte auch ich Dich preisen lernen, Gott,
so inniglich wie diese Lerche.

Die Schnecke hier unten,
der Vogel dort oben
und ich, himmlischer Vater,
wollen Dich loben.

 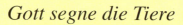 

Gott segne die Tiere

Schenk, oh Vater, Deinen Segen
Vögeln, Fischen, allen Tieren,
ob mit Flügeln oder Flossen,
auf zwei Beinen oder vieren.

Lieber Gott!
Tiere sind etwas ganz Besonderes.
Sie schenken uns Liebe
und viele glückliche Stunden.
Sie lehren uns, sie zu lieben
und auf sie zu achten.

Sie zeigen uns,
dass wir nicht allein sind.
Wenn sie sterben müssen, sind wir sehr traurig.

Hilf uns, dass wir uns in unserer Trauer
an all die schönen Erlebnisse
mit ihnen erinnern
und Dir dafür danken.
Amen.

 *Gott segne die Tiere*

Meine Freundin, die Schildkröte,
redet kein Wort.
Sie braucht keinen Käfig,
denn an jeden Ort
nimmt sie ihr Haus mit.
Doch was sie wohl denkt,
weiß Gott nur allein,
der uns alle lenkt.

Lieber Gott,
ich liebe unseren ....
(Name Deines Hundes)
sehr. Manchmal habe ich aber keine Lust, mich um ihn zu kümmern. Hilf mir, nicht nachzulassen in meiner Fürsorge. Danke!

 *Gott segne die Tiere*

Ich hab mein kleines Hündchen
gefüttert Tag für Tag,
es ausgeführt, mit ihm gespielt,
weil es das alles mag.

Der Hund ist groß geworden,
und groß bin jetzt auch ich.
Dafür, dass ich ihn habe,
preise, guter Gott, ich Dich.

Unsere Haustiere sind unsere Freunde.
Durch sie sind wir nie allein.
Wenn sie sterben, dann trauern wir und weinen.
Dabei wussten wir, dass sie irgendwann sterben würden.
Wir wollen die Erinnerung an sie
in unseren Herzen bewahren
und noch lange in uns wachhalten.

Es gibt so viele Tiere
auf unsrer schönen Welt:
Sie singen und krächzen und plappern,
quaken, miau'n und bell'n.
Ob Rüssel, Flossen, Federn –
ich liebe jedes Tier.
Du, Gott, hast sie erschaffen.
Ich danke Dir dafür.

 *Gott segne die Tiere*

Mein kleiner, roter Goldfisch
schwimmt immer hin und her.
Ich seh ihm zu und denke:
Fischlein, ich mag Dich sehr!
Ich gebe ihm zu fressen,
damit es leben kann.
Herr, lass mich's nie vergessen,
erinn're mich daran!

Guter Gott, ich schaue zu, wie meine
Springmaus durch den Käfig rennt,
wie sie frisst und sich hinter den Öhrchen kratzt.
Ich will nicht nachlassen, sie zu pflegen und zu
füttern, damit es ihr gut geht und sie glücklich ist.
Amen.

 *Gott segne die Tiere*

Wenn wir unsere Tiere füttern und pflegen, erinnert uns das daran, wie sehr Du uns liebst und für uns sorgst, guter Gott.
Dafür danken wir Dir. Amen.

Erst waren's zwei Kaninchen,
doch bald hatten wir vier,
und ein paar Wochen später
waren schon sechzehn hier.
Für all die süßen Babys,
Gott, danke ich Dir sehr
und freu mich schon, denn
demnächst werden es wieder mehr.

 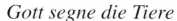 

Gott segne die Tiere

Unser kleines Kätzchen
findet niemals Ruh',
springt und turnt, das Schätzchen,
und miaut dazu.
Doch der Stubentiger
preist ganz sicherlich
mit jedem seiner Maunzer
Gott, oh Vater, Dich.

Bitte erhöre dieses Gebet,
denn ich meine,
wenn ich jetzt weine,
dass es schlecht um meinen Hansi steht.
Niemand lebt ewig,
das weiß ich wohl.
Trotzdem wünscht ich,
es wär nicht so.

 *Gott segne die Tiere*

Guter Gott!
Du weißt, wie sehr wir unsere/n [Name] lieben.
Und nun geht es ihr/ihm gar nicht gut.
Bitte hilf uns, gut auf [Name] aufzupassen.
Hilf dem Tierarzt, [Name] richtig zu behandeln
und sie/ihn doch wieder gesund zu machen.
Amen.

Ich und mein Hund,
mein Hund und ich
sind froh und gesund –
wie freu ich mich!
Du liebst uns beide und nennst uns beim Namen.
Dafür danke ich Dir, Gott und Vater. Amen.

Gott segne die Tiere

Herr, wie sind Deine Werke so groß und viel! Du hast sie alle weise geordnet, und die Erde ist voll Deiner Güter.
Da ist das Meer, das so groß und weit ist, da wimmelt's ohne Zahl, große und kleine Tiere.

aus Psalm 104

Die Blumen, Vögel, jedes Tier:
Alles hat Gott gemacht.
Er schenkte sie zur Freude mir.
Alles hat Gott gemacht.

H. Bergmann

 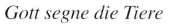 *Gott segne die Tiere*

Alle Geschöpfe, guter Gott,
loben Dich und singen,
um Dir, oh Vater, höchster Herr,
Lob und Dank zu bringen.

nach Franz von Assisi (1181/1182–1226)

Oh himmlischer Vater,
schütze und segne alles, was atmet.
Bewahre Deine Geschöpfe vor dem Bösen
und lass sie in Frieden schlafen.

Albert Schweitzer (1875–1965)

Danke

Danke, lieber Gott,
dass ich diesen Tag
mit einem leckeren
Frühstück beginnen kann!

Für Dich und für mich
ist der Tisch gedeckt,
hab Dank, lieber Gott,
dass es uns schmeckt.

Danke

Alle guten Gaben,
alles, was wir haben,
kommt, oh Herr, von Dir.
Wir danken Dir dafür.

Du schenkst, oh Gott,
uns Speis' und Trank,
Gesundheit, Kraft und Leben.
Wir nehmen hin
mit frohem Dank,
auch was Du jetzt gegeben.

Danke

Gesundheit und Freude,
das tägliche Brot
schenkst Du uns, dafür
danken wir, guter Gott.

Segne mich, Herr, und gib mir durch meine Nahrung Kraft, um Dir zu dienen – um Jesu Willen.

aus England

Komm, Herr Jesus, sei unser Gast,
und segne, was Du uns bescheret hast.

Wir danken Dir,
Herr Jesus Christ,
dass Du unser Gast gewesen bist.

Danke

Gepriesen seist Du, Herr, unser Gott, König des Universums, der die ganze Welt mit seinen Gaben nährt – mit Güte, mit Freundlichkeit, mit Gnade. Er erhält alles Leben, seine Fürsorge währe ewiglich. Gesegnet seist Du, Gott, der allen Nahrung gibt.

jüdischer Segen

Oh Gott, von dem wir alles haben,
wir preisen Dich für Deine Gaben.
Du speisest uns, weil Du uns liebst.
Oh segne auch, was Du uns gibst.
Amen.

 *Danke*

Vater, mach, dass diese Speise
Kraft gibt für die Lebensreise.

Ich freu mich auf mein Schulbrot,
das immer lecker schmeckt,
und bin gespannt, was Mama
mir in den Ranzen steckt.

Oft ess ich alles selber,
doch manchmal teile ich.
Fürs Essen und die Freunde,
Gottvater, preis ich Dich.

Danke

Pizza und Burger, bunte Smarties,
Grillhähnchen gibt's bei allen Partys.

Pudding und Eiscreme, 'ne Geburtstagstorte,
köstliche Plätzchen, mir fehlen die Worte.

Das sind die Dinge, die wir alle gern haben,
danke, oh Herr, für die guten Gaben.

Ein Glas warme Milch,
von der Mutter ein' Kuss:
Dafür dank ich Dir, Gott,
wenn ich schlafen geh'n muss.

 *Danke*

Auch Brot und Wasser stillen
Hunger und Durst im Nu.
Doch hab ich die Wahl,
gehört manches Mal
auch Nussnugatcreme dazu.

Ich bete, dass mein Butterbrot
wie Torte schmecken soll.
Wenn's Einschlafen
leicht wie's Erwachen wär,
fänd ich das wundervoll.

Danke

Gott, der Herr, ist gut zu mir.
Drum dank ich dem Herrn
für alles, was wir haben,
für Sonne und Regen, vom Apfel den Samen.
Gott, der Herr, ist gut zu mir.

*John Chapman (1774–1845) zugeschrieben,
einem amerikanischen Pionier und Obstbauern*

Lieber Gott, ich danke Dir,
dass Du gabst zu essen mir.
Mache auch den Armen satt,
der vielleicht noch Hunger hat.

Danke

Kühe geben Milch
und Bienen den Honig.
Bauern ernten das Korn,
wenn es ist sonnig.
Pflaumen und Äpfel
auf Bäumen wohnen,
und in Papas Garten
sind Erbsen und Bohnen.
Danke, lieber Gott,
für jede Speis',
für Obst und Milch
und Brot und Fleisch.
Fülltest Du nicht die Kammern voll,
wüsst ich nicht, wovon ich leben soll.

Guter Gott, danke für all die
herrlichen Speisen und dafür,
dass ich von allen kosten darf.
Lass mich auch an andere denken
und nichts davon verschwenden.
Amen.

Danke

Ich danke Dir, himmlischer Vater,
für mein Essen und auch für die Menschen,
die es für mich zubereiten.

Rote Tomaten,
weißer Rettich,
gelbe Paprika,
grüner Spinat –
ist das eine Farbenpracht!
Danke, lieber Gott, dass mein Salat
die Farben des Regenbogens hat.

Danke

Deine Hände, lieber Gott,
halten unsre große Erde.
Schenkst uns Wasser, schenkst uns Brot,
gibst das Leben, gibst den Tod,
mach auch, dass wir dankbar sind.

Lieber Gott,
danke für die Menschen,
die diese Lebensmittel für mich hergestellt haben.
Danke für die Menschen,
die diese Lebensmittel
für mich herbeigebracht haben.
Danke für die Menschen,
die dieses Essen für mich zubereitet haben.

Danke

Hier sind die Äpfel
und Birnen auch,
knuspriges Brot,
Holunder vom Strauch.
Kartoffeln und Zwiebeln,
Gerste und Roggen,
Honig in Töpfen,
Rhabarber will locken.
Beeren und Kirschen,
vom Heu mancher Ballen,
danke für die Ernte,
die Gott gab uns allen.

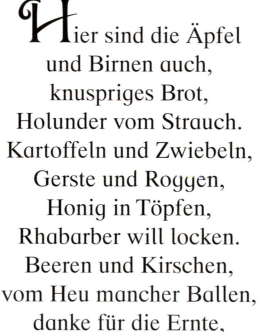

Einer pflügte, einer säte,
einer goss und einer mähte.
Gott gab Sonne, Gott gab Regen,
geb' er auch der Ernte Segen.

Danke

Vater, wir danken Dir für diese Speisen,
für Kraft und für alles, das Du willst erweisen.
Mögest auch andren diesen Segen bescheren,
dass die Herzen sind dankbar überall auf Erden.

Manche haben Fleisch und können's nicht essen,
manche haben kein Fleisch, die äßen es gern.
Aber wir haben Fleisch und können essen,
also lasst es uns danken dem Herrn.

nach Robert Burns (1759–1796)

Danket Gott, denn er ist gut,
groß ist alles, was er tut.

Gott ist groß,
Gott ist weise.
Lasst uns ihm danken
für diese Speise!
Amen.

Teilt das Brot mit andern,
es schmeckt nur gebrochen gut.
Teilt das Brot mit andern,
geteiltes Brot macht vielen Mut.

Teilt das Leid mit andern,
es ist doch eurer Brüder Not.
Teilt das Leid mit andern,
die Liebe ist des Herrn Gebot!

aus Tansania

Vielen Dank, großer Gott,
für diesen strahlenden Tag,
für meine ganze Familie,
für das gute Essen.

 *Danke*

Früh am Morgen
ist der Tisch schon gedeckt.
Danke, oh Vater,
dass es uns schmeckt.

Danke! Ich kann jeden Tag
dreimal lecker essen.
Doch ich will die hungernden
Kinder nicht vergessen.
Wüsste ich nur, wie ich ihnen
wirklich helfen kann!
Darum bitt ich, lieber Gott,
nimm Dich ihrer an!

Danke

*I*ch habe mir vorgestellt:
Genug zu essen hätt die Welt,
sodass auf allen Kontinenten,
Dir die Kinder danken könnten.

Aller Augen warten auf Dich,
oh Herr, und Du gibst ihnen ihre
Speise zur rechten Zeit.
Du tust Deine milde Hand auf
und sättigst alles, was lebt,
mit Wohlgefallen.

Psalm 145,15–16

Danke

Jesus speiste die Massen
mit fünf Broten und zwei Fischen.
Wir wissen nicht, wie's ihm gelang,
mein Jesus, segne Speis' und Trank.

Vater, wir können uns jeden Tag satt essen. Lass uns darüber niemals all jene vergessen, denen es weniger gut geht als uns. Hilf uns, genau hinzusehen, was um uns herum passiert, und uns mit all unserer Kraft und mit Geld für eine bessere Welt einzusetzen.

 *Danke*

Guter Gott,
hilf mir zu teilen,
was Du mir gegeben hast,
mit allen Kindern Gottes –
hier und überall.

Jesus, Du hast Fünftausend
mit fünf Broten und zwei Fischen gespeist.
Lass auch uns mit anderen teilen,
was wir haben.

Danke

Mögen wir, die viel haben,
denken an jene, die wenig haben.
Mögen wir, die satt sind,
denken an jene, die hungrig sind.
Mögen wir, die geliebt werden,
denken an jene, die einsam sind.
Mögen wir, die in Sicherheit sind,
denken an jene, die in Gefahr sind.
Mögen wir, die so viel haben,
lernen zu teilen.

Lieber Gott, danke für dieses Glas Wasser. Es kommt so frisch, perlend und sauber aus der Leitung. Lass mich auch an die Kinder denken, die kein sauberes Trinkwasser haben. Hilf uns, ihnen zu helfen, so gut wir können.

Danke

Bei jedem Essen wollen wir uns an Gottes Liebe erinnern.

aus China

Alle guten Dinge um uns
kommen aus himmlischer Höhe,
Darum danket dem Herrn, unserem Gott,
für all seine Gnade und Mühe.

nach Matthias Claudius (1740–1815)

Meine Familie

Herr, segne dieses Haus
und alle, die da gehen ein und aus.

Oh Gott, lass die Tür dieses Hauses weit genug sein, damit alle Einlass finden, die mitmenschliche Liebe und Freundschaft und die Fürsorge des himmlischen Vaters brauchen. Und lass sie so eng sein, dass Neid, Überheblichkeit und Hass draußen bleiben. Mach ihre Schwelle glatt genug, damit Kinder oder all jene, die auf Irrwege geraten sind, nicht darüber stolpern, aber auch rau genug, um die Versuchungen des Bösen fernzuhalten. Lass sie zur Pforte zu Deinem ewigen Königreich werden.

Bischof Thomas Ken (1637–1711)

Gott segne Dich,
Gott segne mich,
pass auf und lass uns
nicht im Stich.

Meine Familie

Mein Jesus, als Du auf die Welt kamst, hattest Du kein Zuhause. Maria und Josef mussten in eine ferne Stadt reisen und betteten Dich auf Stroh. Bitte, hilf heute allen Menschen, die kein Heim haben oder sich weit davon entfernen müssen. Hilf uns, Lösungen zu finden, wie wir, die wir ein Zuhause haben, diesen Menschen in Not helfen können.

Ich mag unsere Stadt,
und ich mag unsere Straße.
Ich mag den Spielplatz,
und ich mag den Park.
Ich mag das Dorf, in dem Oma wohnt,
und den Strand, wo wir immer Urlaub machen.
Aber am meisten mag ich mein Zuhause.

 *Meine Familie*

Jesus, segne unser Haus.
Mach einen Ort des Friedens draus.
Alle, die hier treten ein,
sollen Dir befohlen sein.

Jesus aber rief die Kinder zu sich und sagte:
„Lasst die Kinder zu mir kommen;
hindert sie nicht daran!
Denn Menschen wie ihnen
gehört das Reich Gottes."

Matthäus 19,14 – Markus 10,14 – Lukas 18,16

 *Meine Familie*

Sternlein, Sternlein in der Nacht,
halt über unsrem Hause Wacht.
Behüte Vater und Mutter mein,
Brüderlein und Schwesterlein.

Guter Vater, steh mir bei,
dass dort feinste Ordnung sei,
wo jetzt der Sachen noch so viele.
So ist das eben, will man spielen.

Meine Familie

Begleite Du mit Deinem Segen
meine Eltern auf allen Wegen.
Täglich sorgen sie für mich –
sorg Du für sie, ich bitte Dich.

Geburtstagsfeiern, Urlaubsfahrten,
bei Fußballspielen endlos warten,
Geduld und Liebe ohne Schranken …
Wie kann ich für all das danken?

Behüte sie, ich bitte Dich!
Und bitte, Gott, behüt auch mich!

Gott, segne alle, die ich liebe.
Gott, segne alle, die mich lieben.
Gott, segne alle, die jene lieben, die ich liebe,
und alle, die jene lieben, die mich lieben.

aus einem alten Gebetbuch (Neuengland)

 *Meine Familie*

Mit Mama kann sich niemand messen.
Sie kocht mir oft mein Lieblingsessen;
sie fragt: „Was hast Du auf dem Herzen?"
und tröstet mich bei allen Schmerzen.
Wer sonst hält immer fest zu mir?
Für meine Mutter dank ich Dir!

Wenn wir zusammen rausgehen,
sagt mein Papa:
„Junge, lauf nicht so schnell.
Sieh Dich um, horch,
geh langsam und rede nicht!"

So nehmen wir alles um uns herum
besser wahr. Die Pflanzen und die
Tiere. Danke, Gott, für meinen
Papa. Ich liebe ihn sehr.

 *Meine Familie*

Oh Jesus, wenn wir einen schlechten Tag hatten und uns Dinge gesagt haben, die wir nicht so gemeint haben, dann lass die Sonne nicht untergehen, bevor wir uns nicht wieder vertragen haben. Hilf mir, den ersten Schritt zu tun und diese Worte rauszubringen: „Tut mir leid!"

Lieber Gott, ich helfe meinem Papa gern im Garten. Da gibt es viel zu tun, und es ist auch sehr anstrengend, aber das macht mir nichts, weil wir zusammenarbeiten, und das ist schön.

Meine Familie

Oh Gott, das Baby schreit schon wieder,
wirft Spielsachen zur Erde nieder.
Doch gern bin ich in seiner Nähe,
wenn ich es selig schlafen sehe.

Früher war ich ein Baby,
aber nun bin ich schon groß.
Ein andrer liegt in meiner Wiege,
wo ich einst lag nach der Geburt.
Mama sagt, das ist mein kleiner
Bruder. Er ist ganz klein und süß,
mit Händen klein und warm
und zarten rosa Füß'.
Ich glaub, ich werde ihn mögen,
und weiß, er mag mich auch.
Und später dann wird er es lieben,
wenn ich ihm kitzle Füß' und Bauch.

 *Meine Familie*

Denn er hat seinen Engeln befohlen,
dass sie Dich behüten auf allen Deinen Wegen,
dass sie Dich auf den Händen tragen,
und Du Deinen Fuß nicht an einen Stein stoßest.

aus Psalm 91

Wir haben ein Baby bekommen.
Es gehört jetzt zu unserer Familie. Wenn es nach meinem Daumen greift und mich dabei anlacht, mag ich es wirklich sehr.

Wir haben ein Baby bekommen.
Es hat ständig Hunger. Und wenn es übel riecht und brüllt und schreit, mag ich es gar nicht leiden.

Danke, Gott, für unser neues Baby.
Es gehört jetzt zu unserer Familie.
An guten wie an schlechten Tagen hab ich es einfach lieb.

 *Meine Familie*

Guter Gott, zuerst gab es nur mich, Mama und Papa, aber jetzt habe ich noch einen kleinen Bruder bekommen. Er braucht viel Aufmerksamkeit und weint oft. Manchmal fühle ich mich vernachlässigt und dann wünschte ich, er wäre nie geboren worden. Aber wenn ich mit ihm spiele, lacht er laut und ist ganz süß. Dann ist alles gut!

Lieber Gott!
Ich liebe meinen Bruder/meine Schwester wirklich, doch ich vertrage mich nicht immer mit ihm/ihr. Manchmal haben wir Streit und sind böse zueinander. Hilf mir, daran zu denken, auch wenn ich mich nicht mit ihm/ihr vertrage, dass ich ihn/sie dennoch liebe. Amen.

Meine Familie

Lieber Gott!
Dir wird's nicht gefallen,
was ich heut' gemacht.
Meine Schwester wollt
'nen Kuss mir geben,
doch ich hab sie ausgelacht.
Bitte sag ihr, ich mag sie
und hab Besserung im Sinn,
Will ihr meine Liebe zeigen,
auch wenn ich ziemlich schüchtern bin.

Gott, hilf an diesen schlimmen Tagen,
an denen wir uns nicht vertragen,
in Zank und Streit zusammenleben,
dem anderen die Hand zu geben.

 *Meine Familie*

Danke, Gott, für all die vielen
Kinder, die hier mit mir spielen.
Ohne sie wär ich allein,
drum lass sie meine Freunde sein.

Guter Gott, gib mir Kraft!
Ich möchte freundlich sein zu allen.
Schenk mir Gleichmut,
wenn man mich ärgern will.
Gib mir Geduld,
wenn etwas nicht gleich gelingt.
Lass mich schlichten, wenn zwei sich
streiten. Hilf mir mit etwas Disziplin,
dann braucht Mami mich nicht so oft zu
ermahnen. Schenk mir Gelassenheit,
wenn meine kleine Schwester schreit.
Lass mich fair sein,
wenn wir mit dem Ball spielen.

Guter Gott, ich habe mir viel
vorgenommen.
Das schaff ich nicht allein.

Meine Familie

Danke, dass es Oma gibt.
Sie backt Plätzchen, die jeder liebt,
wenn sie in der Küche steht.
Danke, dass es Opa gibt.
Er hat Bonbons, die jeder liebt,
und spricht unser Tischgebet.

Opa liebt zwei Dinge sehr:
seinen Kater Mäusebär
und den Hut, den grünen, alten,
mit den vielen Knitterfalten.

Doch auch mich liebt Opa sehr.
Vielleicht sogar ein bisschen mehr.
Wir reißen Witze, spielen, lachen,
reden über ernste Sachen.

Danke, Gott, für diesen Mann,
von dem ich so viel lernen kann.
Ich find meinen Opa gut –
mit Katze und mit Knitterhut.

 *Meine Familie*

Ich danke Dir, Gott, dass Du uns Omas und Opas geschenkt hast. Danke für die Geschichten, die sie uns erzählen, und für alles, das sie für uns Kinder tun. Danke, dass sie Zeit haben, unsere Schuhe zuzubinden und mit uns spazieren zu gehen. Segne sie!

Oma hebt mich auf ihren Schoß,
streicht mir durchs Haar und singt famos.
Opa scherzt und kickt den Ball
und hebt mich auf, wenn ich mal fall.

Opa gern den Kochlöffel schwingt,
während Oma ruht und Kaffee trinkt.
Ich bete, oh Herr, weil ich sie mag,
dass sie für mich da sind Tag für Tag.

 *Meine Familie*

Die Mama von meiner Mama ist meine Oma. Und deren Mama ist meine Uroma. Obwohl sie schon unglaublich alt ist, spricht sie mit mir und erinnert sich an meinen Namen. Sie ist wunderbar!

Bitte, guter Gott, segne meine liebe Uroma!

Oh Jesus, tröste alle Kinder, die keine Familie haben. Wende Deinen gütigen Blick auf sie, und stelle ihnen Menschen an die Seite, die sie behüten und versorgen, sodass sie nicht alleine sind.

 *Meine Familie*

Gott, schütze alle Tanten,
die an Geburtstage denken.
Und schütze auch alle Onkel,
die mir was zum Spielen schenken.

Meine Tante und mein Onkel leben sehr weit weg. Ich sehe sie nie, aber sie schreiben mir Briefe und zum Geburtstag eine Glückwunschkarte. Danke, dass sie an mich denken und ihre Grüße um die Erde schicken.

Meine Familie

Was tät ich ohne meine Tante!
Sie hat oft für mich Zeit,
nimmt mich mit in den Zoo und ist
zu jedem Spaß bereit.

Die alten Fotos zeigt sie mir
aus Mamas Jugendjahren.
Ich bitte Dich, Du lieber Gott,
Du mögst die Tante mir bewahren.

Wenn mein Cousin mich mal besucht
und übernachtet hier,
dann spielen, lachen, toben wir
bei mir.

Doch manchmal dauert unser Spaß
nur eine kurze Zeit,
nach ein paar Stunden Spiel zu zweit
gibt's Streit.

Wenn er dann wieder abreist, dann
fehlt er mir trotzdem sehr.
Ich wünsche ihn mir täglich mehr
hierher.

 *Meine Familie*

Mein Gott, manchmal gibt es in unserer Familie Zank und Streit. Wenn es wieder so weit ist, erinnere uns, dass wir uns doch lieben. Hilf uns, schnell wieder Frieden einkehren zu lassen.

Himmlischer Vater, meine Eltern haben sich getrennt, und nun habe ich zwei Familien. Es ist manchmal schwer für mich, denn ich will es allen recht machen. Steh uns bei, wenn wir versuchen, eine gute Lösung zu finden.

Guter Gott, danke für meine Familie.
Danke für alles, was wir gemeinsam tun.
Danke für die Gespräche, die wir führen.
Danke für die Mahlzeiten, die wir zusammen einnehmen.

Behüte unsere Familie, wenn wir nicht zusammen sind.
Danke für die Gedanken, die wir austauschen.
Danke für die Erinnerungen, die wir bewahren.
Danke für die Gebete, die wir sprechen.
Danke, dass Du bei uns bist.

Meine Familie

Guter Vater, heute bete ich
für meine Freunde.

Das sind ihre Namen:

……………………………...……..

……………………………...……..

……………………………...……..

Danke, lieber Gott, für meine Freunde.
Hilf mir, ihnen ein guter Freund zu sein.
Segne und schütze sie, heute und alle Tage.

Herr, schau auf unsere Familie, die hier versammelt ist. Wir danken Dir für unser Heim, für die Liebe, die uns verbindet, für den Frieden dieses Tages, für die Hoffnung, mit der wir den morgigen Tag erwarten, für die Gesundheit, die Arbeit, die Speise und den blauen Himmel, der sich über unserem wundervollen Leben wölbt; und für unsere Freunde in allen Teilen der Erde.
Schenke unserer kleinen Gemeinschaft
Deinen reichen Frieden.
Gib uns Mut, Freude und Seelenruhe.

Robert Louis Stevenson (1850–1894)

Lieber Gott, ich bin doch noch klein,
kann so vieles noch nicht allein.
Darum lass Menschen sein auf Erden,
die mir helfen, groß zu werden.
Die mich nähren, die mich kleiden,
die mich führen, die mich leiten,
die mich trösten, wenn ich weine.
Lieber Gott, nur noch das Eine:
Wenn ich es mal schlimm getrieben,
mach, dass sie mich trotzdem lieben.

Lieber Gott,
kannst Du mich hören?
Letzte Nacht ist meine Oma gestorben.
Papa sagt, sie ist im Himmel,
Mama sagt, sie macht eine Reise zu Dir.
Also, guter Gott,
wenn Du sie triffst,
dann sag ihr bitte,
dass ich sie furchtbar vermisse
und versuche, nicht mehr zu weinen.

Meine Familie

Danke, Gott, dass wir alle zu Deiner Familie gehören dürfen. Du bist unser himmlischer Vater, und wir sind Deine Kinder. Danke, Gott, für Deine weltumspannende Familie aller Völker. Danke für die Brüder und Schwestern in allen Ländern.

Nachbarn, jeder braucht gute Nachbarn.
Segne, lieber Gott, meine Nachbarn und lass auch mich
ein hilfsbereiter, guter Nachbar sein.

 *Meine Familie*

Dir, oh Herr, empfehlen wir unsere Seelen und unsere Körper, unseren Geist und unsere Gedanken, unsere Gebete und unsere Hoffnungen, unsere Gesundheit und unsere Arbeit, unser Leben und unseren Tod, unsere Eltern und unsere Geschwister, unsere Wohltäter und Freunde, unsere Nachbarn, unsere Landsleute und alle Christen, heute und immerdar.

Lancelot Andrews (1555–1626)

Gottvater, segne meine Familie und mich.
Mein Jesus, schütze meine Familie und mich.
Heiliger Geist, sei immer bei uns.
Großer Gott, lass uns aufgehoben sein
in Deiner Liebe.

FREUNDSCHAFT

Jesus, Freund der kleinen Kinder,
sei ein Freund auch mir.
Nimm mich an der Hand und halt mich
nah bei Dir.

Bleibe bei mir, nie verlass mich!
Lass uns Freunde sein.
Von Geburt an brauche ich Dich
bis ins Grab hinein.

nach Walter J. Mathams (1851–1931)

G ott der Herr sprach:
Es ist nicht gut, dass der Mensch allein sei.

aus 1. Buch Mose

 *Freundschaft*

Nina ist meine beste Freundin,
nie ist sie böse und gemein.
Marco ist von allen der Größte und hält
sich für den Boss allein.
Jonas trägt ein weißes Hemd
und ist ein Streberlein.
Alice ist die Hübscheste,
mit Locken zart und fein.
Alle mag ich, so wie sie sind,
schön, dass es sie gibt.
Und Jesus ist mein besondrer Freund,
denn ich weiß, dass er mich liebt.

Ob es rauf geht oder runter –
Du stehst stets zu mir.
Bin ich traurig, bin ich munter –
Du bist immer hier.

Freundschaft

Ich habe
leise Freunde,
laute Freunde,
lustige und traurige,
viele Freunde,
wenige Freunde,
vernünftige und verrückte,
gute Freunde,
freche Freunde,
große und kleine.
Ich fasse es in kurze Worte:
Danke, Gott,
dass Du mir schenkst
Freunde von jeder Sorte.

Hab ich Unrecht heut' getan,
sieh es, lieber Gott, nicht an.
Deine Gnad' und Christi Blut
machen allen Schaden gut.

 *Freundschaft*

Lieber Gott, bitte sorge dafür,
dass ich nie zu sehr beschäftigt bin,
um zu erkennen, dass ein anderer Hilfe braucht
von jemandem wie mir.
Und lass die Sonne nie über unserem Zorn
untergehen. Am nächsten Tag ist es noch
schwerer, sich zu entschuldigen.

So möchte es Gott,
dass wir anderen verzeihen –
so wie er uns verzeiht.
Dann wird alles wieder gut!

 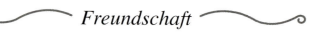 *Freundschaft*

Wenn ein Fremdling bei Dir wohnt aus einem anderen Lande, so sollt ihr ihn nicht bedrücken. Wie ein Einheimischer aus eurer Mitte soll euch der Fremdling gelten, der bei Euch wohnt, und Du sollst ihn lieben wie Dich selbst.

aus 3. Buch Mose

Freundschaft bedeutet, auch die letzte Süßigkeit abzugeben. Lieber Gott, hilf, dass mir das immer leichtfällt.

 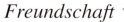 

Freundschaft

Wo zwei oder drei in meinem
Namen zusammenstehen,
da bin ich mitten unter ihnen.

Matthäus 18,20

Guter Gott, vielen Dank für meine vielen verschiedenen Freunde. Wir kommen aus verschiedenen Ländern und sprechen zu Hause verschiedene Sprachen, aber wenn wir unsere Gedanken, Hoffnungen und Ängst teilen, sind wir alle gleich.

 *Freundschaft*

Oh Gott, ich mag Veränderungen nicht! Mein Freund zieht weg. Ich bin so traurig. Was soll ich nur ohne ihn anfangen? Er ist auch traurig. Hilf uns, die schönen Erlebnisse in Erinnerung zu behalten und einander doch loszulassen. Wir wollen Kontakt halten, klar, aber wir müssen auch neue Freunde finden.

Lass uns Freunde bleiben,
auch wenn wir getrennt sind.
Lass uns Freunde bleiben,
auch wenn wir kaum Zeit füreinander haben.
Lass uns Freunde bleiben,
auch wenn wir neue Freunde finden.
Lass uns Freunde bleiben
fürs ganze Leben.

 *Freundschaft*

Alles, oh Herr, für das wir beten, lass uns mit Deiner Gnade erstreben durch Jesus Christus, unseren Herrn.

Thomas Morus (1478–1535)

Danke, Gott, für unsere Nachbarn, die von weit hergekommen sind und nun in unserer Nähe leben. Lass sie uns zu Freunden werden.

 *Freundschaft*

Möge die Straße Dir entgegeneilen
und der Wind in Deinem Rücken sein.
Möge die Sonne Dir warm ins Gesicht scheinen
und Regen sanft auf Deine Felder fallen.
Und bis wir uns wiedersehen,
halte Gott Dich in seiner Hand.

irischer Segensspruch

Auf krummen und geraden Wegen
geh als Freund mit mir.
Führe mich auf sichern Stegen.
Herr, ich danke Dir.

Gott folgen

Vater im Himmel,
der Du mir das Leben schenktest,
hilf mir, in Deinem Sinne zu leben.

Lehre mich, oh Gott, in allen
Dingen Dich zu seh'n.
Was ich tu, soll Dir gefallen,
Dir zum Lob gescheh'n.

nach George Herbert (1593–1632)

 *Gott folgen*

Wäre ich ein weiser Mann,
gäbe ich ein Scherflein –
doch was kann denn ich ihm geben?
Gebe ihm mein Herz so rein.

nach Christina Rossetti (1830–1894)

Lehre mich Dir dienen, wie Du es verdienst, geben, ohne zu zählen, kämpfen, ohne meiner Wunden zu achten, arbeiten, ohne Ruhe zu suchen, mich einsetzen, ohne einen andern Lohn zu erwarten als das Bewusstsein, Deinen heiligen Willen erfüllt zu haben.

hl. Ignatius von Loyola (1491–1556)

Gott folgen

Führe uns, lehre uns und stärke uns,
oh Herr, wir bitten Dich, bis wir werden, wie wir sein
sollen: rein, sanft, wahrhaftig, großherzig, höflich,
großzügig, tüchtig, ehrerbietig und dienlich,
Dir zum Ruhm und zur Ehre.

Charles Kingsley (1819–1875)

Herr, lehre mich auf dieser Erde,
damit ich täglich klüger werde.
Dir stets zu folgen, strebe ich,
für Deine Liebe lebe ich.

nach Isaac Watts (1674–1748)

 *Gott folgen*

Hilf, Herr meines Lebens,
dass ich nicht vergebens
hier auf Erden bin.

Vater, sei in meiner Nähe
so wie meine eig'ne Zehe,
näher noch als Hemd und Schuh,
sei mir näher als mein Bauch,
näher als die Hände auch,
in meinem Herzen wohne, Du!

Gott folgen

Tag für Tag, lieber Gott,
drei Dinge ich erbitte:
Dich zu schauen in Klarheit,
Dich zu lieben mit Wahrheit,
Dir zu folgen in Nahheit,
Tag für Tag.

hl. Richard of Chichester (1197–1253)

Jeder Tag mit Jesus
ist so voller Segen.
Jesus, hilf mir allezeit,
zu gehen auf Deinen Wegen.

 *Gott folgen*

Ich will Dir ein Danklied singen
für mein frohes Leben.
Lass mich andern Segen bringen,
andern Freude geben.

Vater, lass mich die Welt mit Deinen Augen sehen, lass mich handeln, wie Du handeln würdest, lass mich sehen, wo Hilfe nötig ist, lass mich die Welt ein kleines bisschen besser machen.

 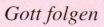 *Gott folgen*

Lieber Gott!
Ich will achten, was andere sagen,
ihre Wünsche, ihre Klagen,
denn ich bin mir ganz gewiss,
dass Du an meiner Seite bist.

Wo ich gehe, wo ich stehe,
bist Du, guter Gott, bei mir.
Wenn ich Dich auch niemals sehe,
weiß ich sicher, Du bist hier.

Gott folgen

Ein' feste Burg ist unser Gott,
ein gute Wehr und Waffen;
er hilft uns frei aus aller Not,
die uns jetzt hat betroffen.
Der alt' böse Feind,
mit Ernst er's jetzt meint,
groß' Macht und viel List
sein' grausam' Rüstung ist,
auf Erd' ist nicht seingleichen. (…)

Martin Luther (1483–1546)

Als ich gestern ging zu Bett,
bat ich Dich, sei doch so nett
und hilf mir, dass ich, wie angeraten,
zu Mama bin kein Teufelsbraten.

Hab heut' versucht, dass es gelingt,
mein Versprechen zu halten unbedingt.
Und, Jesus, das ist nicht zum Spaßen,
ich hab's geschafft, einigermaßen!

 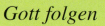 

Gott folgen

Lieber Gott!
Ich will Mama mehr helfen
und Vergnügen bereiten,
will mein Zimmer aufräumen,
ihr „kleiner Schatz" sein zu allen Zeiten.

Von guten Mächten treu und still umgeben,
behütet und getröstet wunderbar,
so will ich diese Tage mit euch leben,
und mit euch gehen in ein neues Jahr.

Von guten Mächten wunderbar geborgen
erwarten wir getrost, was kommen mag.
Gott ist bei uns am Abend und am Morgen
und ganz gewiss an jedem neuen Tag.

Dietrich Bonhoeffer (1906–1945)

 *Gott folgen*

Gütiger Gott,
wenn ich versagt habe
und mich für ein Nichts halte,
finde ich Trost, weil Du mich so
liebst, wie ich bin.

Helfen and're Kinder gerne
 ihrer Mutter? Sag!
Hilf mir, dass ich helfen lerne,
 weil Mama mich so mag.

 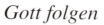 *Gott folgen*

Grünende Flure in herrlicher Pracht
rühmen des Ewigen Güte und Macht.

Lamm Gottes, Du nimmst von uns weg,
was böse ist und schlecht.
Erbarme Dich unser,
und gib uns Deinen Frieden.

Guter Gott, ich streng mich an,
damit ich wirklich gut sein kann:
gut zu Freunden, die ich sehe,
wenn ich draußen spielen gehe.
Ich will es mit Fassung tragen,
wenn sie schlimme Sachen sagen.
Ich will Mama Freude machen;
statt zu schimpfen, soll sie lachen.
Aber, Herr, leicht ist das nicht
für so einen kleinen Wicht.
Bitte, Vater, hilfst Du mir,
lieb zu sein? Ich danke Dir!

Lieber Gott, ich liebe Geheimnisse.
Weise mich ein, wann ich ein Geheimnis
bewahren muss und wann es besser ist,
ein Geheimnis zu teilen. Hilf mir,
immer richtig zu entscheiden.

 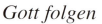 

Gott folgen

Rühre unser Herz durch das stete,
sanfte Fließen Deiner Gnade.
Lass den Fluss Deiner Liebe
durch unsere Seele strömen.
Möge meine Seele von der Strömung
Deiner Liebe getragen werden
bis zum weiten, endlosen Meer des Himmels.

Gilbert von Hoyland (12. Jahrhundert)

Hier stehe ich
und blicke zu Dir auf.
Hilf mir,
dass ich Dir
stets nahe bin.

 *Gott folgen*

Jesus, lass mich
Deine Wege
beschreiten,
(auf die Füße zeigen)

bei allem, was ich tu,
(Hände ausbreiten)

und allem,
was ich sage.
*(Finger zu den
Lippen führen)*
Amen.

Heiliger, gnädiger Vater,
gib uns Weisheit, damit wir Dich erkennen,
gib uns Einsicht, damit wir Dich verstehen,
gib uns das Verlangen, Dich zu suchen,
gib uns Geduld, auf Dich zu warten,
gib uns Augen, Dich zu sehen,
gib uns ein Herz, das Dich aufnimmt,
und ein Leben zu Deinem Ruhme.

hl. Benedikt (480–543)

 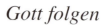 *Gott folgen*

Lehre mich, Deinen Willen zu tun,
denn Du bist mein Gott;
Dein guter Geist
führe mich auf den rechten Weg.

aus Psalm 143

Hilf mir zu sehen, wenn andere meine Hilfe brauchen. Hilf mir zu sehen, wenn andere traurig sind und einen Freund brauchen.

Gott folgen

Du gibst in Treue auf uns acht,
wir sind geborgen Tag und Nacht
im Schatten Deiner Flügel.

Maria Luise Thurmair (1912–2005)

Guter Gott, ich danke Dir für meine Freunde.
Danke dafür, dass sie mir zuhören, verstehen, was ich brauche, und versuchen, mir zu helfen.
Hilf mir, auch ihnen ein guter Freund zu sein, ihnen zuzuhören, zu erspüren, was sie mir sagen wollen, und immer für sie da zu sein, wenn sie mich brauchen.

 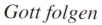 *Gott folgen*

Gib mir immer Zeit –
darum bitte ich Dich –,
wenn irgendwer braucht
einen Menschen wie mich.

Kleine Tropfen Wasser, kleine Körner Sand
bilden große Meere und das weite Land.
Kleine Augenblicke in der schnellen Zeit
machen lange Jahre bis zur Ewigkeit.
Kleine gute Worte, mancher liebe Blick
bringen schon ein Stückchen von dem großen Glück.
Kleine schwache Lichter, schwach für sich allein,
geben miteinander großen, hellen Schein.

Gott folgen

Lieber Gott, der heutige Tag ist gründlich schiefgelaufen, wie eine misslungene Zeichung. Nimm meine Zeichung, radiere alles aus und lass mich morgen mit einem neuen Blatt Papier beginnen.

Manchmal bin ich lieb,
manchmal bin ich schaurig.
Manchmal bin ich glücklich,
manchmal bin ich traurig.

Mal bin ich hilfsbereit,
mal auch gemein,
mal in der Mitte
zwischen den Zwei'n.
Hilf mir zu tun, was ich soll,
hilf mir, bitte, das wär toll.

Lieber Gott, nun schlaf ich ein.
Schicke mir ein Engelein,
dass es treulich bei mir wacht
durch die ganze lange Nacht.
Schütze alle, die mir lieb,
alles Böse mir vergib.
Und kommt der helle Morgenschein,
lass mich wieder fröhlich sein.

Oh Gott, so wahrhaftig wie Du unser Vater bist, so bist Du auch unsere Mutter. Wir danken Dir, Gott, unser Vater, für Deine Kraft und Güte. Wir danken Dir, Gott, unsere Mutter, für Deine liebevolle Zuwendung. Oh Gott, wir danken Dir für Deine große Liebe zu jedem von uns.

Juliana von Norwich (1343–1413)

Gott folgen

Oh Gott, hilf uns, nicht zu verachten oder abzulehnen, was wir nicht verstehen.

William Penn (1644–1718)

Lass mich unterscheiden,
was gut ist und was böse;
und lass mich das Gute tun –
ganz ohne Getöse.

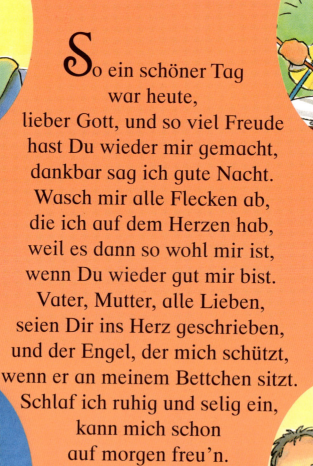

So ein schöner Tag
war heute,
lieber Gott, und so viel Freude
hast Du wieder mir gemacht,
dankbar sag ich gute Nacht.
Wasch mir alle Flecken ab,
die ich auf dem Herzen hab,
weil es dann so wohl mir ist,
wenn Du wieder gut mir bist.
Vater, Mutter, alle Lieben,
seien Dir ins Herz geschrieben,
und der Engel, der mich schützt,
wenn er an meinem Bettchen sitzt.
Schlaf ich ruhig und selig ein,
kann mich schon
auf morgen freu'n.

Wenn ich einmal traurig bin
und hab nichts zu lachen,
lass mich einen anderen
Menschen fröhlich machen!

 *Gott folgen*

Fühl ich mich mal elend und ganz allein,
denk ich an Dich,
denn Du, Vater, wirst immer bei mir sein
und tröstest mich.

Nun danket alle Gott
mit Herzen, Mund und Händen,
der große Dinge tut
an uns und allen Enden,
der uns von Mutterleib
und Kindesbeinen an
unzählig viel zugut'
bis hierher hat getan.

Martin Rinkart (1586–1649)

Guten Morgen

Vater unser im Himmel,
geheiligt werde Dein Name,
Dein Reich komme.
Dein Wille geschehe,
wie im Himmel so auf Erden.
Unser tägliches Brot gib uns heute.
Und vergib uns unsere Schuld,
wie auch wir vergeben unsern Schuldigern.
Und führe uns nicht in Versuchung,
sondern erlöse uns von dem Bösen,
denn Dein ist das Reich
und die Kraft und die Herrlichkeit
in Ewigkeit.
Amen.

Das Gebet, das Jesus uns geschenkt hat

Herr, allmächtiger Gott, am Beginn dieses neuen Tages bitten wir Dich: Schütze uns heute durch Deine Kraft. Lass uns denken, reden und tun, was recht ist. Durch Christus, unseren Herrn. Amen.

 *Guten Morgen*

Großer Gott, ich danke Dir für diese Nacht. Wir haben ohne Sorgen geschlafen und sind fröhlich miteinander aufgewacht. Behüte uns an diesem Tag. Bleibe bei uns!

Was ist nur heute Morgen los?
Ich fühl mich richtig schlecht.
Das Frühstück schmeckt mies,
meine Schwester ist fies,
und Mama ist ungerecht.

Gott, ohne Hilfe schaff ich's nicht,
den Tag zu überteh'n.
Ich würd so gern lachen,
aus dem Tag etwas machen.
Kannst Du bitte mit mir geh'n?

 *Guten Morgen*

Was auch immer ich heute tue,
wo auch immer ich heute bin,
Herr, sei an meiner Seite.

Herr, sei mit uns an diesem Tag:
in uns, um uns rein zu halten.
über uns, um uns aufzurichten.
unter uns, um uns zu stützen.
vor uns, um uns zu leiten.
hinter uns, um uns zu zügeln.
um uns herum, um uns zu schützen.

hl. Patrick (389–461)

 *Guten Morgen*

Oh Gott, Du hast in dieser Nacht
so väterlich für mich gewacht.
Ich lob und preise Dich dafür
und dank für alles Gute Dir.

Alles, was wir sehen, genießt den Sonnenschein.
Alles, was wir hören, will sich des Frühlings freu'n.
Gott schenk mir frohen Sinn,
damit ich fröhlich bin,
und lass mich alle Tage von Herzen dankbar sein.

nach Christina Rossetti (1830–1894)

Ich schreite heute voran
in der Macht des Himmels,
in der Helligkeit der Sonne,
in der Reinheit des Schnees,
in der Wärme des Feuers,
in der Heftigkeit des Blitzes,
in der Geschwindigkeit des Windes,
in der Festigkeit des Felsens.
Ich schreite voran
in Gottes Hand.

Gebet aus Irland (8. Jahrhundert)

All' Morgen ist ganz frisch und neu,
des Herren Gnad' und große Treu',
sie hat kein End' den langen Tag,
darauf jeder sich verlassen mag.

Johannes Zwick (1496–1542)

Guten Morgen

Dies ist der Tag, den der Herr gemacht hat;
wir wollen jubeln und uns an ihm freuen.

Psalm 118,24

Im ersten Morgengrauen schon kräht der stolze Hahn
und kündigt damit einen freudvollen Tag uns an.
Wenn ich darauf erwache, dann gähne ich zwar noch,
dem Himmelvater danke ich für diesen Morgen doch.

 *Guten Morgen*

Gott sei in meinem Kopf und in meinem Verstand; Gott sei in meinen Augen und in meinem Blick; Gott sei in meinem Mund und in meiner Rede; Gott sei in meinem Herzen und in meinen Gedanken; Gott sei bei mir, am Anfang und am Ende.

aus „Sarum Primer"
(englische Gebetesammlung aus dem 13. Jahrhundert)

Himmlischer Vater, entzünde eine Kerze in meinem Herzen, damit ich erkenne, wie es darin aussieht, und Deine Wohnung von Staub und Schmutz reinige.

Gebet aus Afrika

Guten Morgen

Kann ich seh'n des andern Leid
und bin vor Sorge stets gefeit?
Kann ich seh'n des andern Gram
und nicht erweisen mein Erbarm'?

nach William Blake (1757–1827)

Die Worte meines Mundes mögen Dir gefallen. Was ich im Herzen erwäge, stehe Dir vor Augen, Herr, mein Fels und mein Erlöser.

Psalm 19,15

Herr, zieh in meine Seele ein,
wenn früh das Morgenlicht
mich weckt mit seinem hellen Schein
und wärmt mein Angesicht.

Der helle Morgen zieht herauf,
der Tag ist nicht mehr weit.
Bald nimmt das Tagwerk seinen Lauf,
zum Beten ist's nun Zeit.

 *Guten Morgen*

Ich bin klein,
mein Herz ist rein.
Soll niemand drin wohnen
als Jesus allein.

Lasst uns nunmehr frohen Mutes
loben Gott für so viel Gutes,
dass seine Gnade ewig ist,
stets verlässlich, stets gewiss.

nach John Milton (1608–1674)

 ## Guten Morgen

Mein Gott, ein neuer Tag hat angefangen. Hilf mir, aus den Fehlern zu lernen, die ich gestern gemacht hab, damit ich es heute besser machen kann.

Mein Gesicht ist gewaschen,
geputzt sind die Zähne,
die Nägel geschnitten,
gekämmt ist die Mähne.
Ganz frisch und sauber steh ich hier,
Gott, für den neuen Tag mit Dir.

 *Guten Morgen*

Oh Herr, mach mich zu einem Werkzeug
Deines Friedens,
dass ich liebe, wo man sich hasst,
dass ich verzeihe, wo man sich beleidigt,
dass ich verbinde, wo Streit ist,
dass ich die Wahrheit sage, wo der Irrtum herrscht,
dass ich den Glauben bringe, wo der Zweifel drückt,
dass ich die Hoffnung wecke, wo Verzweiflung quält,
dass ich ein Licht anzünde, wo die Finsternis regiert,
dass ich Freude mache, wo der Kummer wohnt.

Franz von Assisi (1181/82–1226)

Oh lieber Gott, ich bitte Dich,
Du mögest alle segnen,
die auf der Straße und im Park
mir heute noch begegnen.
Schenk Deinen Segen doch auch mir!
Lieber Gott, ich danke Dir.

Guten Morgen

Herr, Du weißt, dass dieser Tag
viel Müh' und Arbeit bringen mag.
Vergess ich über allem Dich,
sei doch so lieb: Vergiss nicht mich!

nach Sir Jacob Astley (1579–1652)
(vor der Schlacht bei Edgehill, 1642)

Lieber Gott, heute wird ein anstrengender Tag mit vielen Pflichten und wenig Freizeit. Hilf mir, ruhig zu bleiben und alle Aufgaben gut zu bewältigen. Gib mir die Gewissheit, dass Du immer bei mir bist, auch wenn ich zu beschäftigt bin, daran zu denken.

 *Guten Morgen*

Gütiger Herr, gib mir die Gnade,
für die Dinge, für die ich bete, zu arbeiten.

Thomas Morus (1478–1535)

Lasst uns mit Liedern und mit Weisen
den Herrn für seine Güte preisen.
Seine Gnad' währt immerdar,
ewig treu und ewig wahr.

nach John Milton (1608–1674)

Besondere Tage

Lieber Gott!
Heute ist Montag.
Bitte hilf mir, in eine gute Woche zu starten.
Amen.

Lieber Gott!
Es ist Dienstag.
Die Woche steht noch am Anfang.
Bitte sei bei mir,
während ich mich bemühe.
Amen.

 *Besondere Tage*

Lieber Gott!
Schon Mittwoch!
Die Woche ist halb vorbei.
Bitte segne alle, die ich heute treffe.
Amen.

Lieber Gott!
Danke für den Donnerstag.
Die Woche hat gut begonnen.
Lass sie mich gut zu Ende bringen.
Amen.

 *Besondere Tage*

Lieber Gott!
Heute ist Freitag.
Fast schon Wochenende!
Zeit für einen Blick zurück.
Danke, dass Du stets bei mir bist.
Amen.

Lieber Gott!
Samstag – juhu!
So viel zu tun, so wenig Zeit.
Bitte segne all meine Freunde heut'.
Amen.

 *Besondere Tage*

Lieber Gott!
Heute ist Sonntag, der Tag des Herrn.
Ein glücklicher, heiliger Tag.
Danke für die vergangene Woche.
Begleite mich auch in der nächsten Woche.
Amen.

Sonntag ist ein fröhlicher Tag,
kein verdrießlicher Tag.
Am Sonntag sollten wir ruh'n
und keine Arbeit tun.

 *Besondere Tage*

Nachdem Gott die Welt erschaffen hatte, legte er eine Pause ein und sagte: „So ist es gut." Lieber Gott, wir danken Dir für diesen Sonntag. Hilf uns, zu ruhen und zu spielen und an Dich zu denken, sodass auch wir sagen können: „So ist es gut."

Hier ist die Kirche

(Finger verschränken)

und hier ihre Spitze.

(Zeigefinger zusammen)

Schau hinein,

(Hände bleiben zusammen, Finger zeigen nach vorn.)

wo die Menschen sitzen!

(mit den Fingern wackeln)

 *Besondere Tage*

Herr, segne Braut und Bräutigam
bei Sonne, Regen, Wind,
damit sie noch in fünfzig Jahren
froh zusammen sind.

Geliebtes Baby, wir haben uns hier
versammelt, um Dich in der Familie Gottes,
in der Kirche, willkommen zu heißen.
Wir werden immer für Dich da sein –
als Deine Brüder und Schwestern
und als Kinder Gottes.

 *Besondere Tage*

Herr Jesus, danke, dass Du mich gewollt hast. Danke, dass Du mich beim Namen gerufen hast, um Dir zu folgen. Bei der Kommunion/Konfirmation gebe ich mich zurück in Deine Hand. Lass mich die Welt ein wenig besser machen, mit der Hilfe des Heiligen Geistes – heute und alle Tage.

Lieber Gott, Du weißt, wie traurig wir heute sind, weil jemand, den wir sehr geliebt haben, gestorben ist. Heute müssen wir von ihm Abschied nehmen und ihn Deiner Obhut anvertrauen. Hilf uns zu verstehen, dass unsere verstorbenen Angehörigen in Deinem himmlischen Frieden leben und wir sie eines Tages in Deiner Herrlichkeit wiedersehen werden.

 *Besondere Tage*

Die Kerzen auf meiner Torte
blas ich nun aus und fass einen Wunsch in Worte.
Meinem Wunsch füg ich hinzu diese meine Bitte:
Lieber Gott, sei stets in unsrer Mitte!

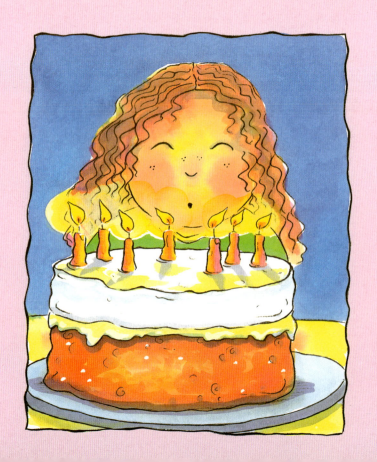

Wenn Mamas Kleid im Winde weht
und Papa bis zu den Knien im Wasser steht –
danke, Gott, für alle schönen Dinge,
für Felsen und Boote und Schwimmringe,
für Sand und Muscheln und Himmel und Sonne,
kurzum: für diese Ferienwonne.

 *Besondere Tage*

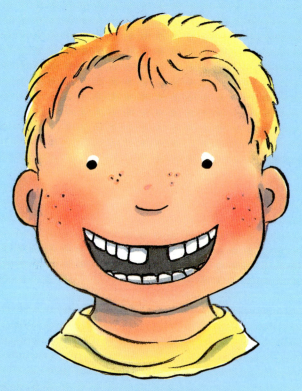

Heute ist ein besonderer Tag –
mein Wackelzahn ist endlich raus!
Nun bin ich fast erwachsen.
Danke, guter Gott, für solche Tage,
an die wir uns gern erinnern.

Wir haben alles zusammengepackt
und haben gezählt die Tage,
wir haben allen tschüss gesagt
und vernommen manche Klage.
Heut' ist ein besonderer Tag –
wir ziehen um!
Lieber Gott, bitte sei bei uns,
wenn wir verlassen das alte Heim,
gib uns die Gewissheit,
dass wir niemals sind allein.
Heut' ist ein besonderer Tag –
wir ziehen um!

 *Besondere Tage*

Komm, Herr Jesus, lang erwartet,
lös die Fesseln, die uns binden,
nimm von uns all' Furcht und Sünden,
lass bei Dir uns Ruhe finden.

nach Charles Wesley (1707–1788)

Ich steh' an Deiner Krippe hier,
oh Jesus, Du mein Leben.
Ich komme, bring und schenke Dir,
was Du mir hast gegeben.

Nimm hin, es ist mein Geist und Sinn,
Herz, Seele, Mut, nimm alles hin
und lass Dir's wohl gefallen.

 *Besondere Tage*

Jesus, heute ist Dein Geburtstag!
Wir feiern diesen Tag für Dich.
Die Könige brachten Dir Gaben,
daher beschenken wir uns.
Deine Familie war glücklich,
darum feiern auch wir miteinander.
Danke, Jesus, für Weihnachten,
denn Dein Geburtstag ist heute.

Es kam die gnadenvolle Nacht,
die uns das Heil der Welt gebracht.
Wie freute sich der Engel Schar,
da Jesus Christ geboren war.

Johann Caspar Laver (1741–1801)

 *Besondere Tage*

Herr Jesus, drei Weise brachten Dir
Geschenke, als Du geboren wurdest:
Gold, Weihrauch und Myrrhe.
Sie waren Zeichen dafür, dass Du
König, Prophet und Erlöser bist.
Danke für die Geschenke,
die wir an Weihnachten austauschen.
Mögen sie Zeichen der Liebe sein.

Guter Gott, an der Pforte zu diesem neuen
Jahr mit Dir bitte ich Dich:
Hilf mir, Deine Hand zu ergreifen und
einzutreten in der Zuversicht,
dass Du immer bei mir sein wirst
bei allem, was ich denke,
tue und sage.

 *Besondere Tage*

Jetzt kommt eine Zeit,
in der wir auf allerlei verzichten,
um uns daran zu erinnern,
wie viele gute Dinge wir haben.

Jetzt kommt die Zeit,
in der wir allerlei unternehmen,
um uns daran zu erinnern,
anderen Gutes zu tun.

Mamas Pfannkuchen esse ich
am liebsten jeden Tag,
doch jetzt will ich verzichten
auf das, was ich gern mag.
Ich will an Dinge denken,
die wirklich wichtig sind,
denn Osterfreude schenken
kann schließlich auch ein Kind.

Dunkelgraue Wolken,
traurig-trüber Tag:
Heut' bring ich in Ordnung,
was im Argen lag.

Dunkelgraue Wolken,
dort ein Hoffnungsstrahl:
Danke, Gott, Du führst uns
aus dem dunklen Tal.

Ich sprech zu Dir voll Zuversicht,
Du, meine Hoffnung und mein Licht.
Gib mir täglich Milch und Brot
und halt mich fern von aller Not.

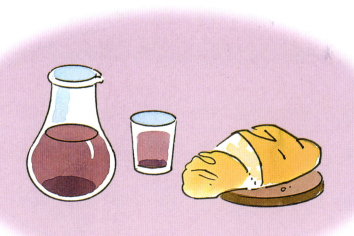

 *Besondere Tage*

Mein Jesus! Alle dachten, Du seist tot.
Sie nahmen Dich vom Kreuz, mit Tränen in den Augen,
und betteten Dich in ein Felsengrab
mit einem großen Stein davor.
Dann gingen sie heim –
die traurigsten Menschen auf Erden.
Später kamen sie zurück
mit Blumen, doch wie sehr erschraken sie:
Der Stein war fortgerollt worden, das Grab war leer,
und Du wandeltest im Garten.
Nun waren sie die glücklichsten Menschen auf Erden.
Kein Wunder, dass wir uns an Ostern freuen,
denn wir wissen, dass Du lebst
und in Ewigkeit leben wirst.

Jesus, Du hast alle Tage
so viel Gutes mir getan.
Hilf, dass ich Dir diese Güte
an anderen vergelten kann.

 *Besondere Tage*

Heiliger Geist, himmlischer Freund,
hör mir doch bitte zu:
Hilf, dass ich, was ich anfange,
mit großer Liebe tu.

Gott Vater, segne uns;
Gott Sohn, verteidige uns,
Gott heiliger Geist, erhalte uns
jetzt und immerdar.

keltischer Segensspruch

Wir pflügen, und wir streuen
den Samen auf das Land,
doch Wachstum und Gedeihen
steh'n in des Himmels Hand:
Der tut mit leisem Wehen
sich mild und heimlich auf
und träuft, wenn heim wir gehen,
Wuchs und Gedeihen drauf.

Alle gute Gabe
kommt her von Gott dem Herrn,
drum dankt ihm, dankt,
drum dankt ihm, dankt
und hofft auf ihn.

Matthias Claudius (1740–1815)

Du sorgst für das Land und tränkst es; Du überschüttest es mit Reichtum. Der Bach Gottes ist reichlich gefüllt, Du schaffst ihnen Korn; so ordnest Du alles. Du krönst das Jahr mir Deiner Güte, Deinen Spuren folgt Überfluss. Die Weiden schmücken sich mit Herden, die Täler hüllen sich in Korn. Sie jauchzen und singen.

aus Psalm 65

 *Besondere Tage*

Ich freu mich auf die tollen Tage,
weil ich dann eine Maske trage.
So kann ich viele Rollen spielen:
mich einmal als Indianer fühlen,
mal Cowboy sein und mal ein Clown,
ein Monster, grässlich anzuschau'n.
Wir Kinder lieben Karneval,
Konfetti, Spaß, Pistolenknall.
Doch kehrt dann wieder Ruhe ein,
bin ich froh, ich selbst zu sein.
Gott, dazu hast Du mich gemacht,
mir diese Rolle zugedacht.

Vater, wir denken an alle Heiligen, die Großes für Dich geleistet haben und nun in Deiner grenzenlosen Liebe geborgen sind. Hilf uns, ihrem Beispiel zu folgen und anderen Gutes zu tun, damit wir eines Tages zusammen mit ihnen in Deiner göttlichen Herrlichkeit leben.

 *Besondere Tage*

Maria, Himmelskönigin,
der Engel hohe Herrscherin,
oh Wurzel, der das Heil entsprießt,
Du Tor des Lichtes, sei gegrüßt.

Herr, hilf mir, die richtigen Worte zu finden, damit ich meiner Mama sagen kann, was ich für sie empfinde – heute, an ihrem Ehrentag.

 *Besondere Tage*

Gott segne meinen Vater,
den besten Papa der Welt,
der immer für mich da ist
und weiß, was mir gefällt.

Er weiß es, auch wenn ich es
ihm nicht so häufig sag:
Ich lieb ihn über alles –
nicht nur am Vatertag.

Alle Kinder dieser Welt sind Freunde,
also wollen wir nett zueinander sein,
dem Willen Gottes folgen
und an diesem Tag unser Bestes geben.
Alle Kinder dieser Welt sind Freunde.
Lasst uns fröhlich zusammen singen; lasst
uns Gott an diesem Tag loben und preisen.

aus Japan

 *Besondere Tage*

Wenn ich am Sonntagmorgen aufstehe und die frischen Brötchen rieche, die Mama aus dem Ofen zieht, dann spüre ich so richtig, wie schön es ist, auf der Welt zu sein. Danke für diesen Tag, himmlischer Vater, und für meine Familie.

Beginne jeden Tag frisch und rein,
als würde die Welt täglich neu erschaffen.

aus einer Amish-Schule

Am Ende des Tages

Guter Gott, nun schlaf ich ein.
Lass mich ganz geborgen sein.
Die ich liebe, schütze Du,
decke allen Kummer zu.
Kommt der helle Sonnenschein,
lass mich wieder fröhlich sein.

Zwei Augen hast Du, oh Gott, mir gegeben, im Dunkeln ein herrliches Licht zu schauen, zu wählen den Weg, den ich gehen soll. Bin ich nun sehend oder auch blind, ich weiß, dass ich einen Führer brauche zum Tage hin und auch zur Nacht.

Hildegard von Bingen (um 1098–1179)

Am Ende des Tages

Schlafe, mein Kindchen, in Frieden
durch die ganze Nacht.
Gott schickt Schutzengel hernieden
durch die ganze Nacht.

Sanft die schläfr'gen Stunden walten,
Berg und Tal im Schlummer liegen.
Ich bleib auf und halte Wacht
durch die ganze Nacht.

nach einem traditionellen Gebet aus Wales

Lieber Gott, ich komm zu Dir,
will nun schlafen. Wache bei mir,
nimm Dich meiner gnädig an,
wie Du's diesen Tag getan.
Lass die lieben Engelein
meine treuen Hüter sein.

Am Ende des Tages

Jesus, unser Retter, rücke alles gerade, was heute schiefgelaufen ist. Lass mich jeden Tag besser und sanfter werden – Dir ähnlicher.

Frances Ridley Havergal (1836–1879)

Bevor des Tages Licht vergeht,
oh Herr der Welt, hör dies' Gebet:
Behüte uns in dieser Nacht
durch Deine große Güt' und Macht.

Friedrich Dörr (1908–1993)

Am Ende des Tages

Abenddunkel senkt sich nieder,
schwer sind nun die Augenlider.
Vater, gib in dieser Nacht
sorgsam auf uns alle acht.

Herr, banne Angst und Sorgen,
schütz uns in dieser Nacht
und schick uns einen Engel,
der unsern Schlaf bewacht.

nach John Leland (1754–1841)

 *Am Ende des Tages*

Gott segne dieses Haus
und alle seine Zimmer.
Die zwölf Apostel hüten
den Eingang heut' und immer.
Vier Engel stehen jede Nacht
an meinem Bett und halten Wacht.
Herr, schenk uns Träume ohne Sorgen,
lass uns gut schlafen bis zum Morgen.

Vater im Himmel, wenn die Sonne untergeht und ich zu Bett gehe, stehen anderswo auf der Welt Kinder auf. So wie Du mich während der Nacht behütest, so sei auch bei ihnen am Tage.

Am Ende des Tages

Müde bin ich, geh zur Ruh,
schließe beide Äuglein zu.
Vater, lass die Augen Dein
über meinem Bette sein.

Matthäus, Lukas, Johannes und Markus,
segnet das Bett, in dem ich schlafen muss.
Vier Ecken meine Bettstatt hat,
vier Engel sorgsam halten Wacht.
Einer, mich zu behüten,
einer, mit mir zu beten,
und zwei, um meine Seele fortzutragen.

Abends will ich schlafen geh'n,
vierzehn Engel um mich steh'n:
zwei zu meinen Häupten,
zwei zu meinen Füßen,
zwei zu meiner Rechten,
zwei zu meiner Linken,
zweie, die mich decken,
zweie, die mich wecken,
zweie, die mich weisen
zu Himmels Paradeisen!

*Abendsegen aus der Oper „Hänsel und Gretel"
von Engelbert Humperdinck (1854–1921)*

Wache, oh Herr,
mit denen, die wachen,
mit den Wartenden oder Betrübten,
und heiße Deine Engel,
die Schlafenen zu behüten.

Augustinus (354–430)

Am Ende des Tages

In Frieden leg ich mich nieder und schlafe ein; denn Du allein, Herr, lässt mich sorglos ruhen.

aus Psalm 4

Danke, Gott, für diesen
wunderbaren Tag,
für Sonne und Regen,
für Pflicht und Spiel,
für meine ganze Familie
und alle meine Freunde
und für Deine unendliche Liebe.

Eh' der Tag zu Ende geht,
sprache ich mein Nachtgebet.
Danke Gott für jede Gabe,
die ich heut' empfangen habe.
Bitte Gott für diese Nacht,
dass er mich im Schlaf bewacht,
dass kein böser Traum mich weckt
und das Dunkel mich nicht schreckt.
Doch kommt der helle Morgenschein,
lass mich wieder munter sein.
Amen.

Ich danke Dir, mein himmlischer Vater, durch Jesus Christus, Deinen lieben Sohn, dass Du mich diese Nacht vor allem Schaden und Gefahr behütet hast; und bitte dich, Du wollest mich diesen Tag auch behüten vor Sünden und allem Übel, dass Dir all mein Tun und Leben gefalle. Denn ich befehle mich, meinen Leib und Seele und alles in Deine Hände. Dein heiliger Engel sei mit mir, dass der böse Feind keine Macht an mir finde.

Martin Luther (1483–1546)

Herr, Du hast mich heut' bewacht,
beschütz mich auch in dieser Nacht.
Du sorgst für alle, Groß und Klein,
drum schlaf ich ohne Sorgen ein.

Am Ende des Tages

Ein schöner Tag geht nun zu Ende.
Ich falte zum Gebet die Hände
und danke Dir für all die Zeit
bei Spiel und Spaß und ohne Streit.
Beim Eis in der Konditorei
war meine Freundin auch dabei.
Beschütze sie, oh Vater mein,
und lass uns immer Freunde sein.

Heute übernachte ich bei Oma,
doch meine Eltern vermiss ich schon mal.
Dann kocht Oma Würstchen und Kompott,
schon vergeht der Tag ganz flott.

Ich übernachte gern bei Oma.
Sie sagt, das macht sie froh.
Lieber Gott, bitte segne meine Oma
und meine Eltern sowieso.

Am Ende des Tages

Gott segne meine Eltern,
Gott segne auch mich,
er segne alle Menschen
und ganz besonders Dich.

Bevor der Tag zu Ende geht,
hör, lieber Gott, noch mein Gebet:
Für alles Gute dank ich Dir.
Und was nicht gut war, verzeihe mir.

Am Ende des Tages

Lieber Gott!
Heute übernachte ich bei meiner Freundin.
Wir amüsieren uns und machen viel Unsinn.
Wir essen zu viel, hüpfen rum und spielen Clown.
Wenn Du dann kommst, um nach mir zu schau'n,
werd ich nicht in meinem Bettchen sein,
sondern hier bei meiner Freundin, wie fein!

Der Tag geht nun zu Ende.
Er hat so viel gebracht.
Wir reichen uns die Hände
und sagen „Gute Nacht".
Am Himmel steh'n die Sterne.
Der Mond zieht seine Bahn.
Wir haben uns so gerne
und schau'n uns fröhlich an.
Der Tag geht nun zu Ende,
den wir so wohl verbracht.
Wir falten unsere Hände
und bitten für die Nacht.

 *Am Ende des Tages*

Komm, Kleines, kuschel Dich an mich,
dann spürst Du mich und ich spür Dich.

Genauso nah wie Du bei mir,
so ist der liebe Gott bei Dir.
Und ich weiß: Ganz genau wie mich,
so liebt der liebe Gott auch Dich.

Pflege Deine Kranken,
oh Herr, Jesus Christus.
Lass ruhen Deine Müden,
segne Deine Sterbenden,
gib Linderung Deinen Leidenden,
erbarme Dich Deiner Geplagten,
beschirme Deine Fröhlichen,
und alles um Deiner Liebe willen.

hl. Augustinus (354–430)

Am Ende des Tages

Morgenstern der finster'n Nacht,
der die Welt voll Freuden macht.
Jesu mein, komm herein,
leucht in meines Herzens Schrein.

Johann Scheffler (Angelus Silesius genannt, 1624–1677)

Wohin ich auch gehe, ob ich liege oder stehe,
ob ich schlafe oder wache, ob ich weine oder lache:
Auf all meinen Wegen
hilfst Du, lieber Gott, mit Deinem Segen.

Am Ende des Tages

Jesus, bitte sei bei mir,
wenn ich schlafe heute Nacht,
drüben ist eine dunkle Ecke,
die mich wirklich ängstlich macht!
Mama sagt, es ist nur ein Schatten,
und Schatten sind nur Luft,
doch ich kann seh'n, wie er grinst
und lacht, dieser böse Schuft!
Bitte, lieber Jesus, lass erstrahlen
Dein helles Licht,
damit ich weiß, Du bist mir nah
und den Schatten gibt es nicht.

Wenn am Himmel Sterne steh'n,
ist es Zeit, ins Bett zu geh'n.
Teddy liegt in meinem Arm,
hat es bei mir weich und warm.
Gott, auf Dich vertraue ich.
Bitte, Vater, schütze mich.

Am Ende des Tages

In Deinem Namen schlaf ich ein,
lass mich Dir, Gott, befohlen sein.
Weil ich mir selbst nicht helfen kann,
so nimm Dich meiner gütig an.
Und segne Du mein junges Leben
und alles, was Du mir gegeben.

Ich wünsche Dir den tiefen Frieden sanfter Wellen.
Ich wünsche Dir den tiefen Frieden des Windhauchs.
Ich wünsche Dir den tiefen Frieden der Erde.
Ich wünsche Dir den tiefen Frieden der Sterne.
Ich wünsche Dir den tiefen Frieden der stillen Nacht.
Mögen Mond und Sterne Dir allezeit leuchten,
und möge der tiefe Frieden Christi mit Dir sein.

Am Ende des Tages

Kommt die Dämmerung heran,
zünden wir die Lampen an.
Birg, oh Gott, ich bitte Dich,
unter Deinen Flügeln mich.

Wenn ich heute schlafen gehe,
bleibe Du in meiner Nähe.
Sei bei mir in dieser Nacht,
bis der neue Tag erwacht.

 *Am Ende des Tages*

Dieser Tag, Herr, endet wieder.
Abendfrieden senkt sich nieder.
Wenn der Mond am Himmel steht,
spreche ich mein Nachtgebet.

Guten Abend, gute Nacht,
von Sternen bedacht,
vom Mond angelacht,
von Engeln bewacht,
von Blumen umbaut,
von Rosen beschaut,
von Lilien betaut,
den Veilchen vertraut;
schlupf unter die Deck'
Dich reck und Dich streck,
schlaf fromm und schlaf still,
wenn's Herrgottchen will,
früh Morgen ohn' Sorgen
das Schwälbchen Dich weck!

Clemens Brentano (1778–1842)

Am Ende des Tages

Zeit zu schlafen!
Bin im Bad gewesen,
hab im Buch gelesen,
hab meine Kleider
geordnet,
und –
kann einfach nicht
schlafen.
Im Bett ist's zu warm,
das Licht ist zu hell,
draußen ist ständig
Hundegebell,
und –

kann immer noch nicht
schlafen.
Hab die Augen geschlossen,
hab ein Gebet gesprochen:
„Gott segne die Kinder
auf der ganzen Welt",
dann –

vielleicht schlaf ich ein.
Bald ist's vollbracht.
Jetzt wird – gähn –
das Licht ausgemacht.
Gute Nacht!
Sssss

Register der Gebetanfänge

Abenddunkel senkt sich nieder	342	Danke, dass es Oma gibt	182
Abends will ich schlafen geh'n	348	Danke, Gott, dass wir alle zu Deiner Familie gehören	200
All Morgen ist ganz frisch und neu	275	Danke, Gott, für all die vielen Kinder	180
Alle Dinge, strahlend und schön	6	Danke, Gott, für die Giraffen	87
Alle Geschöpfe, guter Gott	110	Danke, Gott, für diesen Baum	8
Alle guten Dinge um uns	155	Danke, Gott, für diesen wunderbaren Tag	351
Alle guten Gaben	114	Danke, Gott, für Tiere groß	64
Alle Kinder dieser Welt	333	Danke, Gott, für unsere Nachbarn	219
Aller Augen warten auf Dich	147	Danke, guter Gott, für die weite Welt	63
Alles, oh Herr, für das wir beten	218	Danke, lieber Gott	112
Alles, was wir sehen	273	Danket Gott, denn er ist gut	140
Als Gott die Welt erschaffen hatte	11	Das Chamäleon	85
Als ich gestern ging zu Bett	237	Das Jahr, wenn's frühlingt	84
Auch Brot und Wasser	126	Dein, Herr, sind die Fische	76
Beginne jeden Tag frisch und rein	335	Deine Hände, lieber Gott	134
Begleite Du mit Deinem Segen	166	Denn er hat seinen Engeln befohlen	174
Behüte unsere Familie	195	Denn vorbei ist der Winter	71
Bei jedem Essen	154	Der betet innigst, der am meisten liebt	10
Bevor der Tag zu Ende geht	359	Der Geist des Herrn erfüllt das All	21
Bevor des Tages Licht vergeht	341	Der helle Morgen zieht herauf	283
Bewahre uns Gott, behüte uns Gott	37	Der Tag geht nun zu Ende	361
Bitte erhöre dieses Gebet	105	Der Tag geht	15
Dacht ich bei mir	31	Der Vogel Dir singt	80
Danke für die Blümchen	49		
Danke! Ich kann jeden Tag dreimal lecker essen	145		

Der Zaunkönig ist zwar nur winzig klein	70	Er hält die ganze Welt in seiner Hand	62
Die Blumen, Vögel, jedes Tier	109	Erst waren's zwei Kaninchen	103
Die Hirten haben gefroren	38	Es gibt so viele Tiere	99
Die Kerzen auf meiner Torte	308	Es kam die gnadenvolle Nacht	315
Die Mama von meiner Mama	186	Freue Dich, Welt	39
Die Schnecke hat ihr Haus	67	Freundschaft bedeutet	213
Die Schnecke hier unten	91	Früh am Morgen	144
Die Sonne steigt, die Sonne fällt	52	Früher war ich ein Baby	173
Die Sterne so zahlreich	19	Fühl ich mich mal elend	264
Die Tiere, die auf Erden leben	86	Führe uns, lehre uns	226
Die Worte meines Mundes	281	Füll unsern Tag	14
Dies ist der Tag	276	Für Dich und für mich	113
Dieser Tag, Herr, endet wieder	372	Für die Blumen, die blühen zu unsern Füß'	17
Dir, oh Herr, empfehlen wir unsere Seelen	202	Für Luft und Sonne, süß und rein	20
Du gibst in Treue auf uns acht	252	Geliebtes Baby	305
Du schenkst, oh Gott	115	Gelobt seist Du, mein Herr	35
Du sorgst für das Land	327	Gepriesen seist Du, Herr	120
Du, Vater, bist der gute Hirt	83	Gesundheit und Freude	116
Dunkelgraue Wolken	320	Gib mir immer Zeit	254
Eh' der Tag zu Ende geht	352	Gott der Herr sprach	205
Ein feste Burg ist unser Gott	236	Gott ist groß	141
Ein Glas warme Milch	125	Gott schuf die Welt und den Verstand	9
Ein schöner Tag geht nun zu Ende	356	Gott segne Dich	159
Einer pflügte, einer säte	137	Gott segne die Tiere	98

Gott segne dieses Haus	344
Gott segne meine Eltern	358
Gott segne meinen Vater	332
Gott sei in meinem Kopf	278
Gott Vater, segne uns	325
Gott, der Herr, ist gut zu mir	128
Gott, Du gabst uns Blumen voller Pracht	65
Gott, hilf an diesen schlimmen Tagen	179
Gott, schütze alle Tanten	188
Gott, segne alle, die ich liebe	167
Gott, segne unsere Schule	55
Gottvater, segne meine Familie	203
Großer Gott, ich danke Dir für diese Nacht	268
Grünende Flure in herrlicher Pracht	242
Güt'ger Hirte der Schafe	82
Guten Abend, gute Nacht	373
Guter Gott! Du weißt, wie sehr wir unseren (Name) lieben	106
Guter Gott, an der Pforte zu diesem neuen Jahr	317
Guter Gott, danke für all die herrlichen Speisen	131
Guter Gott, danke für meine Familie	194
Guter Gott, der Sommer ist zu Ende	33
Guter Gott, Du hast alles gemacht	13
Guter Gott, gib mir Kraft	181
Guter Gott, hilf mir zu teilen	150
Guter Gott, ich danke Dir für diesen Tag	30
Guter Gott, ich danke Dir für meine Freunde	253
Guter Gott, ich danke Dir für unsere Stadt	54
Guter Gott, ich freu mich so	22
Guter Gott, ich schaue zu	101
Guter Gott, ich streng mich an	244
Guter Gott, nun schlaf ich ein	336
Guter Gott, vielen Dank für meine vielen verschiedenen Freunde	215
Guter Gott, zuerst gab es nur mich	176
Guter Vater, heute bete ich für meine Freunde	196
Guter Vater, steh mir bei	165
Gütiger Gott, wenn ich versagt habe	240
Gütiger Herr, gib mir die Gnade	292
Hab ich Unrecht heut' getan	209
Halleluja! Lobet den Herrn vom Himmel her	46
Halleluja! Singet dem Herrn ein neues Lied	43

Heiliger Geist, himmlischer Freund	324	Heute übernachte ich bei Oma	357
Heiliger, gnädiger Vater	249	Hier ist die Kirche	303
Helfen and're Kinder gerne ihrer Mutter?	241	Hier sind die Äpfel	136
		Hier stehe ich	247
Herr Jesus, danke, dass Du mich gewollt hast	306	Hilf mir zu sehen	251
		Hilf, Herr meines Lebens	228
Herr Jesus, drei Weise brachten Dir Geschenke	316	Himmlischer Vater, entzünde eine Kerze	279
Herr, allmächtiger Gott	267	Himmlischer Vater, meine Eltern	193
Herr, banne Angst und Sorgen	343	Ich mag die Tropfen	27
Herr, Du hast mich heut' bewacht	355	Ich bete, dass mein Butterbrot	127
Herr, Du weißt, dass dieser Tag	290	Ich bin klein	284
		Ich danke Dir, Gott	184
Herr, hilf mir, die richtigen Worte zu finden	331	Ich danke Dir, himmlischer Vater	132
		Ich freu mich auf die tollen Tage	328
Herr, lass mich Deine Macht	58	Ich freu mich auf mein Schulbrot	123
Herr, lass uns nicht vergessen	158	Ich hab mein kleines Hündchen	96
Herr, lehre mich auf dieser Erde	227	Ich habe mir vorgestellt	146
Herr, schau auf unsere Familie	197	Ich habe leise Freunde	208
Herr, segne alle lieben Menschen	56	Ich hörte am Morgen	90
Herr, segne Braut und Bräutigam	304	Ich mag ja klein sein	45
Herr, segne dieses Haus	156	Ich mag unsere Stadt	161
Herr, sei mit uns an diesem Tag	271	Ich preise Dich, Du Herr der Nächt' und Tage	44
Herr, wie sind Deine Werke so groß	108		
Herr, zieh in meine Seele ein	282	Ich schreite heute voran	274
Herrlich scheint die Sommersonne	26	Ich seh den Mond	354
Heute ist ein besonderer Tag	310		

Ich sprech zu Dir voll Zuversicht	321
Ich steh an Deiner Krippe hier	313
Ich und mein Hund	107
Ich will Dir ein Danklied singen	232
Ich wünsche Dir den tiefen Frieden	369
Im ersten Morgengrauen	277
Im Frühling, wenn die Vögel singen	25
Im Winter suchen alle Schutz vor der Kälte	36
In Deinem Namen schlaf ich ein	368
In Frieden leg ich mich nieder	350
In unserer Stadt leben viele Menschen	57
Jeder Tag mit Jesus	231
Jesus aber rief die Kinder zu sich	163
Jesus speiste die Massen	148
Jesus, bitte sei bei mir	366
Jesus, Du hast alle Tage	323
Jesus, Du hast Fünftausend	151
Jesus, Freund der kleinen Kinder	204
Jesus, heute ist Dein Geburtstag	314
Jesus, lass mich Deine Wege beschreiten	248
Jesus, segne unser Haus	162
Jesus, unser Bruder, so voll der Güte	60
Jesus, unser Retter	340
Jetzt kommt eine Zeit	318
Käfer sind lustig	79
Kann ich seh'n des andern Leid	280
Kein Tierchen auf Erden	73
Kleine Tropfen Wasser	255
Kleines Lamm, wer schuf Dich?	68
Komm, Herr Jesus, lang erwartet	312
Komm, Herr Jesus, sei unser Gast	118
Komm, Kleines, kuschel Dich an mich	362
Kommt die Dämmerung heran	370
Krumme und gerade Wege	221
Kühe geben Milch	130
Lamm Gottes, Du nimmst von uns weg	243
Lass mich unterscheiden	261
Lass uns Freunde bleiben	217
Lasst uns mit Liedern	293
Lasst uns nunmehr frohen Mutes	285
Lehre mich Dir dienen	225
Lehre mich, Deinen Willen zu tun	250
Lehre mich, oh Gott	223
Lieber Gott! Dir wird's nicht gefallen	178
Lieber Gott! Heute ist Montag	294
Lieber Gott! Heute übernachte ich bei meiner Freundin	360
Lieber Gott! Ich will achten, was andere sagen	234

Lieber Gott! Ich will Mama mehr helfen	238
Lieber Gott! Tiere sind etwas ganz Besonderes	93
Lieber Gott! Ich liebe meinen Bruder	177
Lieber Gott, behüte unsre Netze fein	12
Lieber Gott, bitte sorge dafür	210
Lieber Gott, danke für die helle Sonne	23
Lieber Gott, danke für die Menschen	135
Lieber Gott, danke für dieses Glas Wasser	153
Lieber Gott, der heutige Tag ist gründlich schiefgelaufen	256
Lieber Gott, Du weißt, wie traurig wir heute sind	307
Lieber Gott, heute Morgen	66
Lieber Gott, heute wird ein anstrengender Tag	291
Lieber Gott, ich bin doch noch klein	198
Lieber Gott, ich bin gern am Strand	48
Lieber Gott, ich danke Dir	129
Lieber Gott, ich find Dich toll	32
Lieber Gott, ich helfe meinem Papa	171
Lieber Gott, ich komm zu Dir	339
Lieber Gott, ich liebe das Gras	16
Lieber Gott, ich liebe Geheimnisse	245
Lieber Gott, ich liebe unseren Hund sehr	95
Lieber Gott, kannst Du mich hören?	199
Lieber Gott, nun schlaf ich ein	258
Lobet den Herren, den mächtigen König der Ehren	40
Lobet Gott mit Posaunen	41
Mamas Pfannkuchen esse ich am liebsten	319
Manche haben Fleisch	139
Manchmal bin ich lieb	257
Maria, Himmelskönigin	330
Matthäus, Lukas, Johannes	347
Mein Gesicht ist gewaschen	287
Mein Gott, ein neuer Tag hat angefangen	286
Mein Gott, hilf mir	72
Mein Gott, manchmal gibt es in unserer Familie	192
Mein Häschen ist ganz weich	69
Mein Jesus! Alle dachten, Du seist tot	322
Mein Jesus, als Du auf die Welt kamst	160
Mein kleiner, roter Goldfisch	100
Meine Freundin, die Schildkröte	94
Meine Tante und mein Onkel	189

Mit Mama kann sich niemand messen	168	Oh lieber Gott, ich bitte Dich	289
Möge die Straße Dir entgegeneilen	220	Oma hebt mich auf ihren Schoß	185
Mögen wir, die viel haben	152	Opa liebt zwei Dinge sehr	183
Morgenstern der finster'n Nacht	364	Pflege Deine Kranken	363
Müde bin ich, geh zur Ruh	346	Pizza und Burger	124
Nachbarn, jeder braucht gute Nachbarn	201	Rosen sind rot	29
		Rote Tomaten, weißer Rettich	133
Nachdem Gott die Welt erschaffen hatte	302	Rotkehlchen hinter Gitterstäben	89
		Rühre unser Herz	246
Nina ist meine beste Freundin	206	Schenk, oh Vater, Deinen Segen	92
Nun danket alle Gott	265	Schlafe, mein Kindchen	338
Oh himmlischer Vater	111	Segne mich, Herr	117
Ob es rauf geht oder runter	207	Sei gelobt, mein Herr	42
Oh Gott, das Baby schreit	172	So ein schöner Tag	262
Oh Gott, Du hast in dieser Nacht	272	So lang es Menschen gibt auf Erden	24
Oh Gott, hilf uns, nicht zu verachten	260	So möchte es Gott	211
Oh Gott, ich mag Veränderungen nicht	216	Sonntag ist ein fröhlicher Tag	301
Oh Gott, lass die Tür dieses Hauses	157	Spät sah ich aus dem Fenster	34
Oh Gott, so wahrhaftig wie Du unser Vater bist	259	Sprach ein Rotkehlchen zum Spatz	88
		Sternlein, Sternlein in der Nacht	164
Oh Gott, von dem wir alles haben	121	Tag für Tag, lieber Gott	230
Oh Herr, mach mich zu einem Werkzeug	288	Teile das Brot	142
		Unser kleines Kätzchen	104
Oh Jesus, tröste alle Kinder	187	Unsere Haustiere sind unsere Freunde	97
Oh Jesus, wenn wir einen schlechten Tag hatten	170	Vampir und Nachtalb	74
		Vater im Himmel, der Du mir das	

Leben schenktest	222
Vater im Himmel, erhöre und segne	78
Vater im Himmel, wenn die Sonne untergeht	345
Vater unser im Himmel	266
Vater, gib, dass diese Speise	122
Vater, lass mich die Welt	233
Vater, sei in meiner Nähe	229
Vater, wir danken Dir für diese Speisen	138
Vater, wir denken an alle Heiligen	329
Vater, wir können uns jeden Tag satt essen	149
Vielen Dank, großer Gott	143
Von guten Mächten treu und still umgeben	239
Vor Geistern und Dämonen	67
Wache, oh Herr, mit denen, die wachen	349
Wäre ich ein weiser Mann	224
Was auch immer ich heute tue	270
Was ist nur heute Morgen los?	269
Was tät ich ohne meine Tante	190
Weit wie die Erde	53
Wenn am Himmel Sterne steh'n	367
Wenn Astronauten vom All aus	18
Wenn ein Fremdling bei Dir wohnt	212
Wenn Hunde bellen	81
Wenn ich am Sonntagmorgen aufstehe	334
Wenn ich einmal traurig bin	263
Wenn ich heute schlafen gehe	371
Wenn ich mit dem Bus fahr	59
Wenn im Sommer Regen fällt	28
Wenn Mamas Kleid	309
Wenn mein Cousin	191
Wenn wir unsere Tiere füttern	102
Wenn wir zusammen rausgehen	169
Wer mit Gott unterwegs ist	50
Wir beten, Herr, für die Tiere	77
Wir danken Dir, Gott	353
Wir danken Dir, Herr Jesus Christ	119
Wir haben alles zusammengepackt	311
Wir haben ein Baby bekommen	175
Wir pflügen und wir streuen	326
Wo ich gehe, wo ich stehe	235
Wo zwei oder drei	214
Wohin ich auch gehe	365
Zeit zu schlafen	374
Zu Dir, Gottvater, beten wir	75
Zwei Augen hast Du	337
Zwei Augen zum Sehen	51

Autoren und Verlag haben sich alle erdenkliche Mühe gegeben, sämtliche Copyright-Inhaber richtig aufzuführen. Sollte dennoch versehentlich ein Verfasser nicht oder falsch genannt sein, ist er gebeten, dies dem Verlag schriftlich mitzuteilen, damit der Copyright-Nachweis in weiteren Auflagen dieses Buchs entsprechend korrigiert bzw. vervollständigt werden kann.